KB068999

| 제2판 |

B2B 이미 하면서도 당신만 모르는 세일즈

이진국

B2B 세일즈를 위한
5가지 제안
첫번째: 초 심

대한민국, 3백8십만 사업체 중
내 고객은 누구??
"초 심"

B2B 세일즈,
못하면 개선할 수
있지만
안하면......
망.한.다!!!
"초 심"

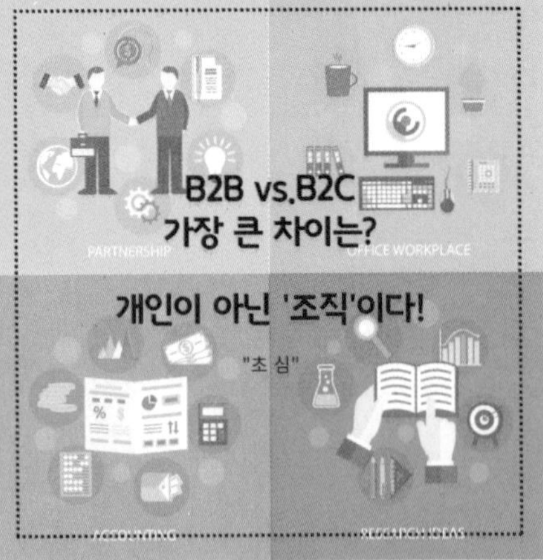
B2B vs.B2C
가장 큰 차이는?
PARTNERSHIP
OFFICE WORKPLACE
개인이 아닌 '조직'이다!
"초 심"

기업 및
기관고객은
많지만,
아직 지인이나
거래처로
인식되고 있는
B2B 세일즈
"초 심"

아직은
전문가가 흔하지 않다!!!
"초 심"

당신차례입니다!

"초 심"

B2B 세일즈를 위한
5가지 제안
두번째 단계: 진 입

저
ABC기업
강진입
대리입니다..

그런데요??

또 막히나?!

OTL

문턱넘기가 어렵다.
전화속 저편에 있는
사람에게는
명분이 필요하다.

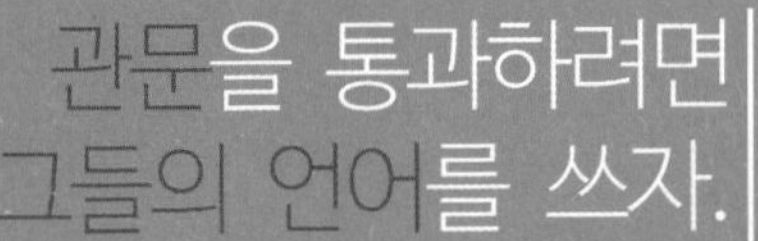

관문을 통과하려면
그들의 언어를 쓰자.

호텔업계에서는 흔한 용어.
DOM: 마케팅 디렉터, DOSM: 세일즈 & 마케팅 디렉터

고 객 의 언 어 를
모 른 다 면 ? ?
고 객 의 이 유 를 찾 아 보 자 .
고 객 의 알 파 벳 을 찾 아 라 .

나의 질문에 답할 이유(Reason to Answer)
나를 만날 이유(Reason to Meet)
내게 마음의 문을 열 이유(Reason to Open)

고 객 의 이 유 A to Z

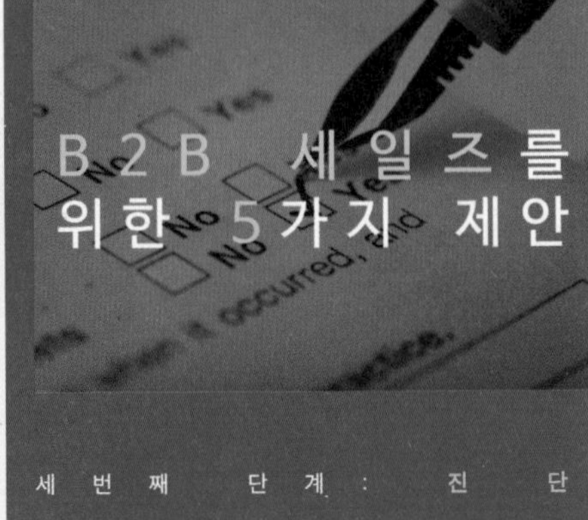

세 번 째 단 계 : 진 단

나를 거부하시는거에요?

지금?!

거부하는
이유는
오만가지!!

그냥 No!
변화가 싫어
뭔가 수상해..

앨버트 아인슈타인

미쳤다는 것은 어떤
일을 반복적으로
똑같이 계속 하는
것이다.
다른 결과를
기대하면서...

다른
결과를
만들
'거부
이유의
분석'이라는
것을
해보는건
어때??

목소리 톤?
진입 멘트?
그저 내 얘기?
스토리가 없다?

잠재성
이라는
것을
파헤쳐
보자!!

거부는 당연할지
몰라도
아직 '구매한' 고객은
아니십니다. ㅠㅠ
거부의 두려움...

잠재고객은 아직
구매고객이 아니다!

반드시 BANTC!!!

Budget
Authority
Needs
Timeline
Competition

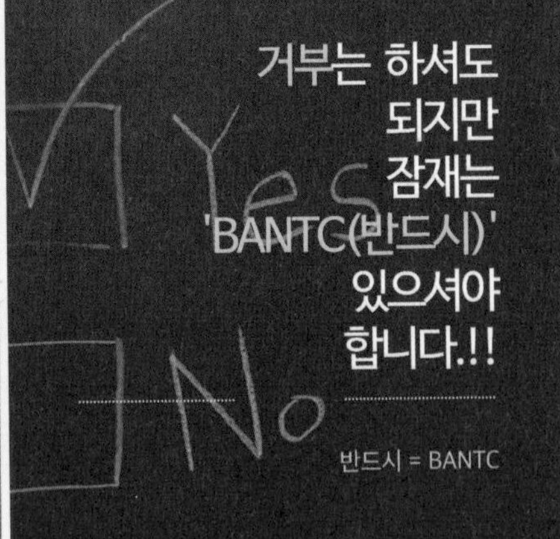

거부는 하셔도
되지만
잠재는
'BANTC(반드시)'
있으셔야
합니다.!!
반드시 = BANTC

B2B세일즈
를 위한 5가지 제안

네번째 단계: 강화

영업기회를
강화하는 질문?!

BANTC(반드시) 적극 활용하기!!

금 액 이 가 장
중 요 하 다 . . .
만약 금액을 제외하고 본다면...
가장 중요한 고려요소는 무엇일까?

사 장 님 이
가장 중요하게
생각하시는
요 소 가
뭔 가 요 ?
가 격 ?
성 능 ?
레 퍼 런 스 ?

경쟁사보다 저희가
부족한 점이 있다면,
뭘까요?
영업기회를 강화하는 질문들~

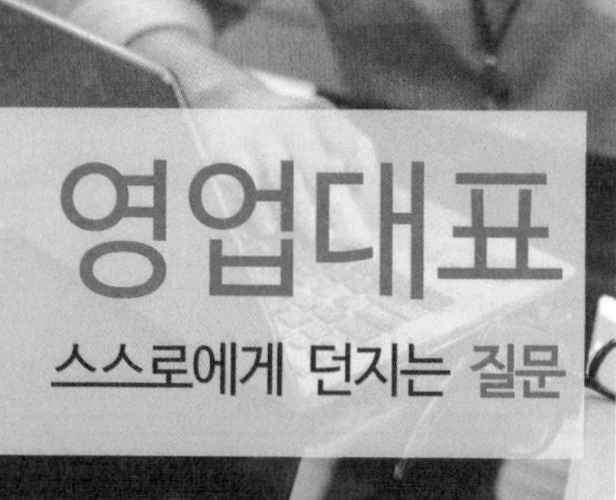
영업대표
스스로에게 던지는 질문

이 건에
대해 나는
얼마나
확신을
갖고 있는가?

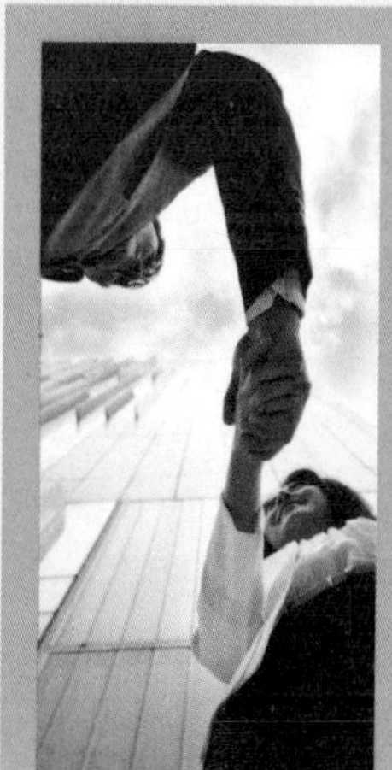
이 건의
수주를
위해서
내가 할 수
있는 것은?

B2B 세일즈를 위한
5가지 제안
다섯 번째 단계 : 사활

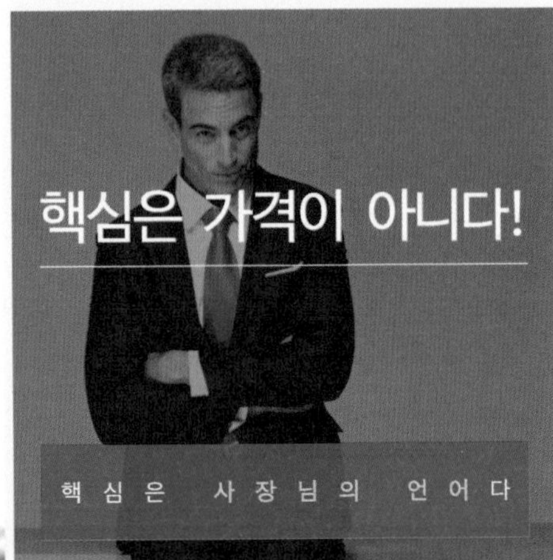
핵심은 가격이 아니다!
핵 심 은 사 장 님 의 언 어 다

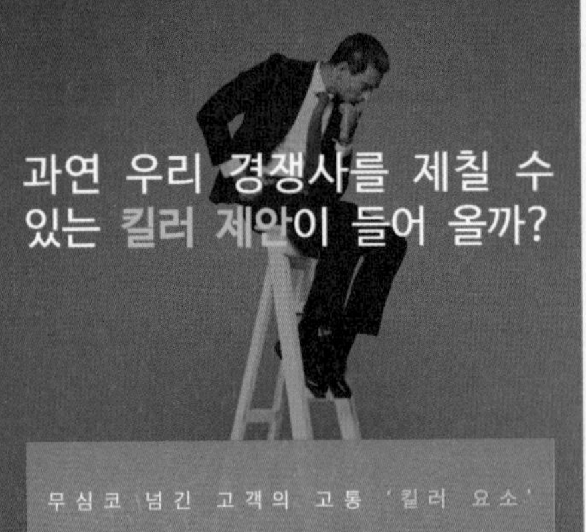
과연 우리 경쟁사를 제칠 수
있는 킬러 제안이 들어 올까?
무 심 코 넘 긴 고 객 의 고 통 '킬 러 요 소'

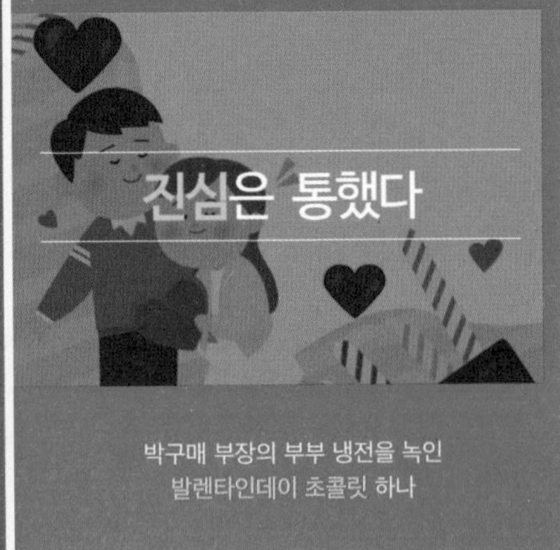
진심은 통했다
박구매 부장의 부부 냉전을 녹인
발렌타인데이 초콜릿 하나

10억 짜리
초콜릿
고객이 고통을 공유하다.

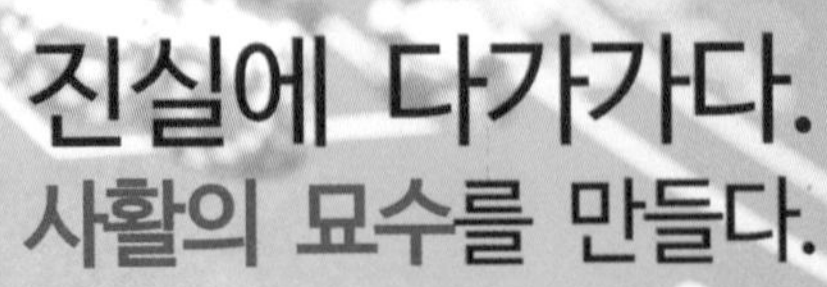
진실에 다가가다.
사활의 묘수를 만들다.

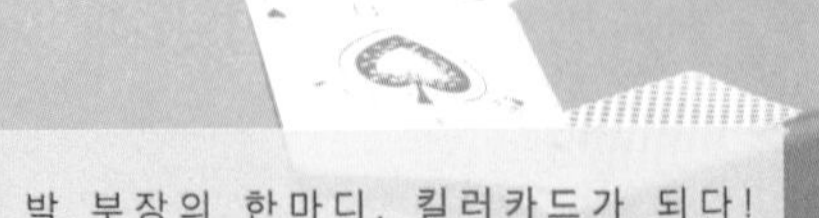
박 부장의 한마디, 킬러카드가 되다!

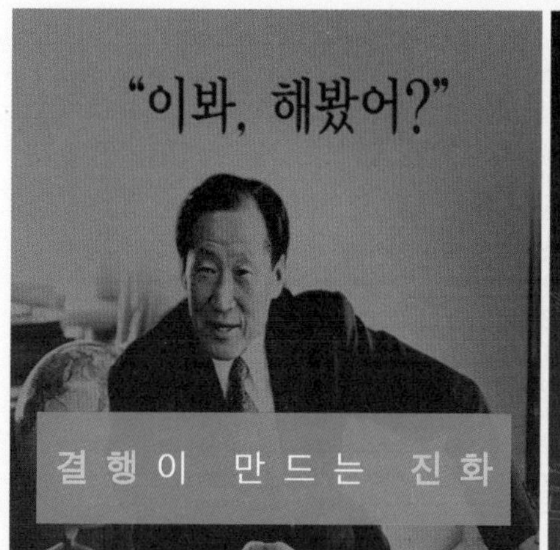
"이봐, 해봤어?"
결행이 만드는 진화

끝이 아니다!!
solution
IDEA
더 큰 문을 열다!!

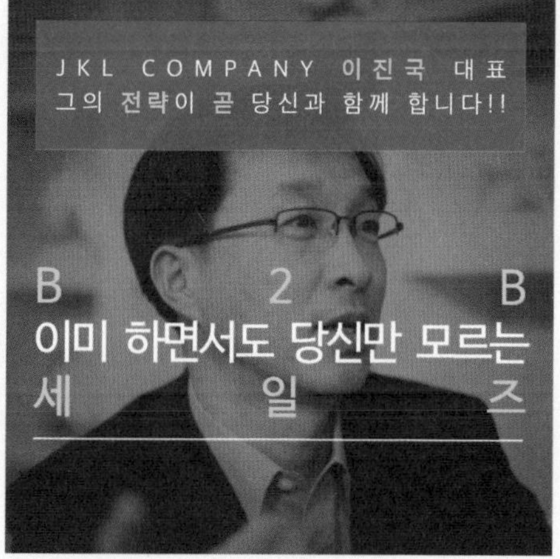
JKL COMPANY 이진국 대표
그의 전략이 곧 당신과 함께 합니다!!
B2B
이미 하면서도 당신만 모르는
세일즈

B2B
이미 하면서도 당신만 모르는
세일즈

Testimonial 추천의 글

"이진국 대표는 글로벌 B2B 세일즈 아웃소싱 서비스에서 경험한 체계적인 노하우와 특유의 GRIT 정신으로 정리한 B2B 세일즈의 교본이다.

B2B 세일즈를 프로답게 하고 싶은 독자들에게 일독을 권한다."

플레시먼 힐러드 코리아, 박영숙 대표

"많은 기업의 많은 사람들이 부가가치를 생산하기 위해 엄청난 노력을 하고 있다.

이러한 수많은 노력은 세일즈판매를 통해서만 그 가치가 실현된다. 세일즈없는 부가가치의 실현은 없는 것이다.

오랜 실전 경험에서 축적된 스마트 세일즈 노하우를 공유하시라."

아이마켓코리아, 이상규 대표이사

"B2B 영업은 B2C와는 다른 버티컬 시장 및 기업 고객에 대한 깊은 이해, 그리고 경험에서 터득된다. 이진국 대표는 이 경험과 지식을 바탕으로 매우 이해하기 쉽게 전달하고 있다."

에스에이피(SAP) 코리아, 세일즈 오퍼레이션 매니저, 박세정 상무

"IT업계에서 20여년간 B2B 세일즈 분야에서 근무를 하면서 외국의 선진 영업기법들을 접할 때 마다 늘 감탄을 하곤 한다. 경영학 시간에 배우는 다양한 기법들이 실제로 다루어지고 심지어는 어떤 새로운 이론 같은 것들을 기반으로 실질적인 업무에 바로 적용하는 일들을 직접 경험 하면서 점차 B2B 영업이 과학적이고 체계적이 되어 가는 것을 느끼게 된다. 과연 어떻게 하는 것이 B2B 세일즈를 잘하는 것일까, 국내외 유수기업들은 과연 어떻게 일을 하는지에 대한 궁금증에 대해 지금 바로 적용할 수 있는 실질적인 많은 노하우들이 이 책에 담겨져 있다. 저자와 비즈니스 파트너로서 여러 해 함께 일을 해오면서 의견이 다를 수도 있고 접근방법이 다를 수도 있었지만 그래도 늘 그러한 논의의 중심에는 이 책에서 말하는 기본적인 기법들과 원칙들이 동일하게 적용되었다. 배운 데서 그치지 말고 실질적으로 적용하여 몸으로 체화하고 그 과정에서 본인만의 노하우를 만들어 간다면 분명 이 책을 읽는 독자분들께서 어느덧 인정받는 B2B 세일즈의 전문가가 되어 있을 것으로 기대가 된다."

한국마이크로소프트, SMS&P, 세일즈 엑설런스 매니저, 오유열 이사

"신입사원 시절 나도 이 책의 내용처럼 막연함에 어쩔 줄 몰라 헛스윙만 연발하고 좌절했는데 … 사실 요즘 들어 지독한 무기력증에 빠져 헤어나오지 못하고 있었는데 이 책은 지난 20년간을 돌아보며 '아! 맞아. 영업초창기에 나도 그랬었지' 하며 그 때를 떠올리며 초심을 상기하게 만들었다. 업무에 쫓기는 와중에도 영업 후배들을 위해

자신의 경험과 노하우를 정리한 친구이자 저자에게 경의를 표하고 싶다. 그 마음과 부지런함에 …"

제이피모건(JP Morgan) 코리아, NP, Financial institutional marketing, 이훈재 상무

"오늘날 우리는 인터넷의 영향으로 정보의 홍수속에 살면서 원하는 질문에 대한 답을 쉽게 얻을 수 있게 되었다. 그러나 항상, 정보를 찾을 때마다, 아쉬운 부분이 있었던 것이 사실이다. B2B 세일즈에 관한 내용도 마찬가지였다.

우리나라의 실정에 맞는 B2B 세일즈에 대한 노하우를 얻을 수 있는 방법이 있을까.

저자가 몇 년 전 B2B 세일즈 관련하여 집필을 한다고 했을 때, 적극적으로 독려를 하고 응원을 했었다. 마침내, 기다리고 있던 책이 출간되는 것을 보니 마음이 흐뭇하고 기쁘다.

저자가 다년간 B2B 세일즈에서 성공한 경험을 바탕으로 이 책이 쓰여진 만큼, B2B 세일즈 분야에서 심각하게 고민하고 있는 독자들에게 등대 역할을 하고, 성공으로 가는 길을 제시할 것이라고 확실히 믿는다."

시스코 코리아, 버츄얼(Virtual) 세일즈 팀 매니저, 이혜원 이사

"B2B 세일즈가 생각했던 것보다 훨씬 어려운 것 같다는 생각도 들지만 한편으로는 경청하는 자세와 프로파일링, 그리고 BANTC가 바탕이 된다면 축적된 노하우를 통해 성공적인 비즈니스를 달성할

수 있으리라 생각한다. 어떠한 일을 성공시키기 위해 요구되는 법칙에 대한 이해가 바탕이 되어 있다면, 그 위에 Skill은 축적된 경험을 통해 자연스레 구현되지 않을까? 이 책은 다양한 사례를 통해 바탕이 되는 그 법칙에 대해 설명하고자 한다. 현업에 종사하는 사람들뿐만 아니라 B2B에 관심이 많은 학생들에게도 유용한 지침서가 될 것이다."

연세대학교, 경영대학 경영학과 4학년, 신겸이

"대기업, 벤처기업, 외국계기업의 B2B 영업을 두루 경험한 저자의 구체적인 전문성과 사례가 잘 녹여있는 책으로, B2B 사업을 어렵게 생각하는 기업종사자들에게 추천한다. 영업은 무조건 실천하면서 생각하는 것이니, 아무쪼록 이 책을 읽으며 바로 현장에 적용하면서 자신만의 체계적인 영업노하우를 갖추길 바란다."

북포럼, 지식큐레이터, 고우성PD

"새로운 분야를 개척하고 그 영역을 확대하는 것이 결코 쉬운 일이 아니다. 창조와 사고와 도전정신, 사안을 명확히 꿰뚫는 통찰력, 부단한 노력과 열정이 없이는 신 분야의 개척과 발전의 주인공이 될 수 없다. 저자는 세일즈 현장에서 얻은 경험을 바탕으로 독자들에게 B2B 세일즈에 대한 지식과 지혜를 제공하려 한다. 단순히 세일즈의 기술이나 기교를 서술한 책이 아닌 B2B 세일즈의 새로운 패러다임을 제시한 책이라고 평가할 만 하다. 저자는 B2B 세일즈 분야의 개척과 발전의 진정한 주인공으로 손색이 없을 듯하다. 오랜만에 후배 세일즈맨들에게 추천할 수 있는 책이 나와 행복하다."

㈜아침을 여는 소리, 송태영 대표이사

"저자와 마찬가지로 대기업 영업부서에서 시작해서 이제는 벤처기업을 이끌고 있지만 항상 배고픔을 해결하는 방법에 고민해 왔다. 이를 보완하고자 많은 고심을 하던 끝에 만난 이 책은 나에게 새로운 비즈니스의 방향을 제시해주었다. 나의 분야에 더욱 더 집중하면서 새로운 세일즈의 가능성을 열게 해 준 이 책에 진심으로 감사한다.

㈜쓰리옵틱스, 박길우 대표이사

"얼마 전 B2B 영업으로 사회생활에 첫 발을 뗀 젊은 친구를 만났다. 곤혹스러운 표정이 역력했다. "도전의식을 불어넣는 직업이기는 한데, 참 쉽지 않네요." 딱히 해줄 말이 없었다. 하긴, 지금껏 소비자들의 마음을 움직이는 노하우나 스킬은 많이 전파됐지만, 기업의 마음을 사로잡는 방법은 누구도 길을 제시해 준 적이 없었으니까. 이제는 그 친구에게 이 책을 권해주려 한다. 저자는 십여 년간 경험을 토대로 B2B 영업의 새로운 길을 하나하나 제시한다. 책 속에 묻어나는 당당한 세일즈를 체득할 수 있으리라."

한국일보, 이영태 경제부장

"B2B 세일즈의 친철한 지침서. 고객의 냉담한 Cold Call에 혹은 미팅을 잡지 못해 영업의 기회를 만들어가지 못하고 있는 수많은 B2B 영업인들에게 이진국 대표의 본 책은 청량제와 같은 친절한 지침서가 될 것이라 확신한다.

이진국 대표는 다양한 Multinational Vender와 Sales Lead를 발굴해나가는 Inside sales service를 B2B Industry에 뚝심 있게 제공하면서 수많은 시행착오와 성공을 거듭하며 Smart Sales의 Platform을 완성했고 파트너社들 비즈니스를 확대해 나가고 있다.

과거 열정적으로 수많은 거래처를 뛰어다니던 선배 영업고수들이 "영업은 발로 뛰는 땀의 결실이다."라고 한다면 이진국 대표는 이제는 시대가 변했다고 B2B 영업은 보다 섬세하고 전략적으로 참을성을 가지고 한발 한발 전진해야 한다고 충고한다.

마치 한 사무실에 일하고 있는 선배 영업 고수로부터 영업의 노하우를 전수받는 기분으로 이 책을 읽는다면 여러분은 행운아다."

삼성전자, 프린팅솔루션 사업부, 서상진 차장

B2B Sales를 B2C처럼 한다고? B2B는 무.언.가 달라야 한다.

B2B란 무엇인가? 기업 대 기업, 조직 대 조직, 회사 대 회사 간의 거래를 말한다. B2C는? 기업 대 개인, 조직 대 개인, 회사 대 개인 간의 거래를 말한다. 열심히 일을 하던 중 가장 힘들어 질 때, '열심히 하고는 있는데, 내가 과연 지금 잘 하고 있는 것인가?'하는 의문이 생길 때가 아닐까? 지금 여러분이 B2B 비즈니스나 세일즈 분야의 업무를 하고 있다면, 이 의문에 뭐라고 답하겠는가. 최소한 내가 지금 하고 있는 세일즈 방법이 옳은 길로 가고 있는지 정도는 알아야 하지 않을까?

서점에서도 찾을 수 없는 이야기

서점에 가보면 세일즈 책들이 즐비하다. 그 중에서 제일 잘 팔리는 책을 보고 공부하면 영업을 잘 할 수 있을까 싶어서 책도 많이 봤다. 일반 개인을 상대로 하는 B2C Business to Consumer 영업에 대해서 '나만의 통찰'을 담은 얘기들, '보험왕'들이 써 놓은 경험서들, 자동차 '판매왕'들이 쓴 열정 세일즈 책, 외국 판매왕의 번역서 등등. 그런데 B2B 세일즈 관련 책들을 찾아 읽어 보려 했지만 가려운 곳을 구체적으로 긁어주는 책은 없었다. 특히 B2B 세일즈에 대해 참고할만한 책이 없다는 것을 알게 되었다.

우리나라 최고 기업들도 모르는 이야기

우리나라 최고 기업들은 뭔가 다르겠지? 배워볼까? 어찌하다 보니 S전자와 L전자에 여러 차례 B2B에 대한 강의도 하고 코칭도 하게 됐다. 그런데 두 곳의 현 주소를 볼 때마다 깜짝 놀란다. 독자들은 '아직 우리나라 안에서만큼은 너무 늦지 않은' 셈이라는 위안을 가지셔도 좋다.

이것 또한 이 책을 쓰게 된 이유 중 하나다. 이 책을 읽으실 여러분은 '우리나라 최고 기업들도 최근까지 몰랐던 이야기'를 들으시는 셈이다. 물론, 이미 제 강의를 들으신 분들 제외한다면.

혹시 여러분도, 지금 다음과 같이 일을 하고 계신가요?

십 수년 전 국내 영업을 처음으로 접하면서, 처음으로 한 일이 있다. 가망 고객 50개를 찾아내서 약속을 잡아 보는 거였다. 일단 업체 리스트를 어렵게 구해서, 하나하나 전화를 돌렸다. 그 중에 3곳을 만날 수 있었다. 물론(?), 계약으로 이어가지는 못했다. 그 잠재 고객들은 내가 다니던 회사도 어떤 곳인지를 몰랐고, 내가 누군지도 몰랐고, 내가 제안하는 솔루션이 무엇인지도 몰랐다. 사실, 그 분들이 갑자기 나라는 사람에게, 우리 회사에게, 우리 회사 솔루션에 관심을 가져 주어야 할 이유는 없었다. 그저 나는 팔아야 하니까 전화했고, 감사하게도 만나준다고 하니까 3곳을 방문했다. 그것으로 끝이었다. 더 이상 지속적인 연락을 유지하지 않았다. 그 때의 그 막막함을 생각하면 지금도 마음이 답답해진다.

분명 '기본에 충실해서 열심히 하면 된다'고 배웠는데

약 10년 전, 내 갈증이 무슨 갈증인지도 모르던 시절, 실마리라도 풀어보려고 대학동기 한 명을 만났었다. 금융영업의 귀재라 불리는 친구다. 본부 매출 외에, 혼자서 감당하는 매출만 수백억 이상이고, 그 매출 목표를 거의 매년 초과 달성하고 있다고 했다. 친구지만 존경스러웠다. 현재도 외국계 대기업의 영업 본부장으로 있다. 식사하면서 눈치만 보다가, 자존심 내려 놓고 '영업의 노하우'에 대한 질문을 했다.

"이제 영업을 시작하는 새내기가 와서 '영업을 잘 하려면 어떻게 하면 되나요?'라고 하면 뭐라고 해줄래?" 그 친구라면 남 다른 통찰이 있을 거 같아 배워보려고 물어본 질문에 친구가 답했다.

"진심으로 고객을 대하고, 장난치지 말고, 성실하게 일하면 된다."

"['뭐야 이거? 그 얘긴 나도 하겠다…'] 니 얘길 알아 들을까?"

"물론, 뭔 소린지 하겠지. 흐흐."

"이놈아, 알아 듣게 얘길 해야지! 걔는 몇 년은 계속 맨 땅에 헤딩할 거 아니냐?" 속으로 참 어이가 없었다. 허탈하기도 하고.

"그러면서 배우는 거지, 허허."

그럼, 진심으로 고객을 대하고 성실하게 일하면 영업을 잘 할까? B2B도? 10년을 맨땅에 헤딩하라는 거냐?

B2B 세일즈, 다르게!

나의 첫 직장, 현대종합상사에서 했던 '우리나라 제품을 외국에 팔기 위해 이메일 보내고, 팩스 보내고, 전화 했던 일'들. 알고 보니 해외 'B2B 영업'이었다. 인우기술에서는 그야말로 초보 B2B 영업을 했다. 그런데 '과연 B2B 세일즈가 가지는 속성을 정확히 이해하고 일을 했을까?'라는 질문을 던지지 않을 수 없다. 10년 가까운 맨땅 영업 시절이 너무나 괴로웠기 때문이다. 그 다음으로 일했던 시스코, 마켓스타에서도 B2B 영업을 했는데, 이번에는 뭔가 달랐다. 세일즈의 단계를 쪼개고, 어카운트라는 이름으로 부르는 고객들에 대해서도 쪼개고 분석했다. 분석한 데이터를 가지고 다시 어카운트를 골라냈다.

'현재, 관련한 수요를 가질만한 고객군Segment은 어디에 있는 거지?'

'어떤 메시지reason to call로 어떤 방법marketing trigger으로 접근하면 관심을 가질까?'

'우선 프로파일링담당자와 기본정보 찾아내기을 한 다음, 바로 세일즈 팀을 연계시킬까? 아니면, 세미나에 초대하고 일정 수준의 관심을 보인 고객만 세일즈 팀에 넘길까?'

개인 차원에서도 회사 차원에서도, 고민의 깊이나 방법이 달랐다. 함께 많이 고민하고 많이 배웠다. 그리고 그 일은 몇 년 전 설립한 회사의 근간이 되고 있다.

B2B 세일즈의 핵심, 어카운트 프로파일링 그리고 고통 진단

우리나라 사업체 수가 약 3,500,000개가 넘는다. 어마어마한 숫자다. 그 기업이 다 내 고객이라면 좋겠다. 하지만, 그러기에는 내가 닿을 수 있는 물리적 한계가 있다. 그 한계를 극복할 수 있는 노하우를 나누고자 한다.

✓ 우선 기업고객은 개인이 아니다. '어카운트'로 분류한다.
✓ 그리고 파헤친다프로파일링.
✓ 등급을 분류한다.
✓ 그 다음 그들의 진정한 고통에 귀 기울인다.

이러한 과정들을 억대 연봉의 세일즈맨들은 거의 대부분 하고 있다. 본인이 이런 과정을 거치고 있다는 것을 자각하든 안 하든 말이다. 전 직장에서 나와 함께 일했던 세일즈맨들 대부분 지금 더 나은 자리에서 억대 연봉을 받으며 국내외에서 활약하고 있다. 지금 나는 3년여 전에 국내외 기업들의 세일즈와 마케팅을 돕고 있다. 굴지의 대기업들이 우리 회사의 고객들이다. 뿌듯하다. 그에 대한 노하우도 나눌 것이다.

기본 속에 '사람 사는 이야기'가 있는 B2B 세일즈

운 좋게 2005년부터 세계 각국의 사람들과 10년 넘게 함께 일하면서, 그들의 세일즈 방법론들을 배우게 됐다. 외국계회사에서 근무하며 그들의 노하우를 열심히 담아내려고 노력했다. 국내는 물론 해외에서 3차례 이상의 전문적인 교육도 받았다. 10년 간 B2B 세일즈에 대해 틈만 나면 메모를 해두고, 정리했다. 그간 이수한 국내외 세일즈 강의와 수십 권의 관련 서적 속에서 흐르는 기본을 뽑아냈다. 한국사람들의 근면 성실함은 세계적으로 매우 유명하지 않은가? 우리의 삶 속에서 고객과 나눌 수 있는 '우리나라 B2B 언어'들을 정리했다. 17년 간 직간접으로 겪었던 에피소드와 참고문헌들의 이야기를 모았다.

BANTC는 반드시!

세일즈의 세계에서 잘 하고 싶은 게 인지상정이다. 물론 나도 그렇다. 그런데 다 잘 할 수 없는 게 인간이다. 본문에 많은 꼭지들을 보게 될 것이다. 많은 욕심을 내기 보다, 그 중에 내가 제일 잘 할 수 있는 것을 더 잘하게 해주는 하나라도 건져내서 내 것으로 만들어 보시기 바란다.

얼마 전, 직원이 내게 '○○텔레콤 차장님이 견적도 함께 달라고 하는데요?'라며 승인을 구하러 찾아왔다. 문의한 회사의 담당이 나와 같이 일했던 직원이기도 했고, 이미 우리 영업사원이 견적을 주겠다 약속을 했다 해서 승인해줬다. 결과는?

그 뒤로 아무 소식이 없다. 얘기는 뭔가 바로 할 것처럼 했다고 하는데 말이다. '아직 우리 회사 직원들에게도 지속적인 교육이 필요하구나.'라고 실감했다.

✓ 예산Budget은 있는지?

✓ 내가 접촉을 하고 있는 이 사람이 담당이 맞는지? 의사결정 선상Authority에 있는지?

✓ 왜Needs 하려고 하는지? 그저 관심이 있어서? 위에서 알아보라고 하니까?

✓ 도입에 대한 예상 일정Timelin이 있는지?

✓ 이미 다 확인할 거 다 하고Competition/Condition 우리한테는 견적만 받으려고 하는지?

BANTC를 확인하면 나와 고객의 호흡 조절도 가능해진다.

나는 B2B 세계에서 BANTC에 기반한 영업기회를 찾는 일에 능한 편이다. 그 일을 내 비즈니스의 근간으로 삼고 있기에 더욱 그렇다. 여러분도 나는 이 분야라면 '나'라고 할 만한 것들을 만들어 가시길 바란다.

그래서, 대한민국뿐만 아니라 세계최고 세일즈맨이 되는 길에 여러분도 함께 하기를 간절히 꿈꾼다.

이 책대로 B2B 세일즈를 전개했는데, 성과가 나오지 않았다면 연락home@jklcompany.co.kr을 주시라.

Contents 차례

B2B Sales

B2B 세일즈를 위한 첫번째 단계: 초심

B2B Sales

B2B 세일즈를 위한 두번째 단계: 진입

B2B Sales

B2B 세일즈를 위한 세번째 단계: **진단**

B2B 세일즈를 위한 네번째 단계: 강화

B2B Sales

B2B 세일즈를 위한 다섯번째 단계: **사활**

아직은 전문가가 흔하지 않다

첫번째 단계 : 초심

B2B SALES

'원하면서도 원하는 지 모르고 있는 고객에게 무엇이 필요한지 정확히 짚어줄 수 있는 세일즈맨, 그런 세일즈맨이 되어야 한다. 고객은 최고의 제품을 사는 것이 아니다. 최적의 제품을 사는 것이다. 최적의 제품을 사도록 도와 주는 것이 최고의 '세일즈맨'의 역할이다 ….'

B2B, 다른 관점, 다른 접근

스마트 세일즈, 내 최선의 세일즈

"시간낭비를 원하세요?" 그럼 "돈 낭비를 원하세요?"

이 질문에 '아니오'라고 대답했다면, 함께 생각해 볼 이야기를 풀어가 보겠다.

이 글을 읽고 있는 여러분은 대부분 B2B 관련 업무를 하거나 B2B 세일즈 또는 마케팅을 하는 분일 것이다. 만약 여러분이 어떤 기업에 B2B 세일즈를 하는 업무에 신규로 채용이 됐다고 가정하자.

'지인을 찾아간다'가 일반적인 생각일 것이다. 그러나 관련 업계에 지인이 아무도 없다면?

'그럼 어디로, 어디부터 가야 하지?'가 그 다음 고민일 것이다.

여러분 앞에 100,000개 기업어카운트 정보회사명, 대표번호 등 공개된 기본정보가 있다면 어떻게 하겠는가?

너무 많은가? 그럼 1,000개 기업 정보가 있다고 하자. 어떻게 하겠는가?

그래도 많은가? 그럼 100개 기업 정보가 있다. 어떻게 하겠는가?

100곳을 다 방문할 것인가? 1년 내내 쉬지 않고 가도 다 방문하기 어렵다. 만나줄 지도 모르지만.

그럼, 여러분은 가장 먼저 어떤 일을 하겠는가?

내가 사회 초년병으로 세일즈의 기초를 쌓은 것은 현대종합상사에서 해외영업을 통해서였다.

전화, 팩스, 이메일이 유일한 고객접촉수단이었다.

외국에 있는 유망 거래처에 우리나라 기업체의 제품을 알리기 위해 이메일 보내고 전화하는 작업을 한다. 간 적도 없는 중국대련/상해/북경/청도, 두바이, 인도, 칠레, 유럽 등 각 국에 이메일/팩스/전화를 주고 받는다. 원거리 원격 세일즈다. 그런데 세일즈가 되고, 수주도 했다. 놀라지 마시라. 내가 고객을 직접 만난 적은 한 번도 없다.

인사이드 세일즈Inside Sales. 내가 했던 작업은 그야말로 인사이드 세일즈였다. 세일즈 기회를 현지 주재원에게 공유하면, 주재원이 현지 고객을 만나고 거래가 성사된다. 우리가 그 동안 구분하지 못 했던 Field 세일즈와 Inside 세일즈의 작품이다멋진 공동 작업!.

그 때는 어쩔 수 없이 그렇게 한다고 생각했다. 출장 가서 고객도 만나고 폼나게 007가방 들고 5성 호텔에서 고객이랑 악수도 하고 싶었다. 하지만, 그 일은 현지 주재원의 몫이었다. 나는 불만이 가득했지만, 못 가게 하니 한국에서 열심히 이메일과 콜을 할 수밖에. 그 때는 몰랐다. 그것이 멋진 세일즈 구조였음을. 내가 세계를 돌아다니며 사람들을 직접 만나 세일즈를 했다면 몇 고객이나 세일즈를 할 수 있었을까? 그리고 잘할 수 있었을까? 이제 종합상사의 역할들은 형태를 달리해서 해당 기업이 직접 해내고 있고, 종합상사는 다른 형태로 진화했다.

지금 우리도 조금 더 스마트하게 세일즈를 할 필요가 있다. '내가 할 수 있다고 해서 다 하는 것이 과연 최선일까?' 한 번쯤 생각해 볼 일이다. 그 일을 잘하는 사람이 잘할 수 있게 해주는 효율적인 구조가 좋다.

6년 전 미국계 다국적 기업 마켓스타를 만나고 그 전에 시스코를 만났다. 세일즈에 대한 연구와 실행이 잘 되어 있는 회사들이다. '제화수선업계'의 전문용어로 '찍새'와 '딱새'가 유기적으로 잘 구분되고 융합되어 있다. 그래서인지 그들의 세일즈는 강하다. 시스코의 세일즈 매니저로, 마켓스타의 한국 지사장으로 일하는 동안 많이 놀랐다. '세일즈 단계와 기법들을 이렇게도 잘게 쪼갤 수 있구나.' '쌓여진 데이터는 이렇게 수십 가지가 넘는 다양한 시각에서 분석을 하네.' 또한, 이 회사들에서는 현장 세일즈와 팀을 이루는 인사이드 세일즈를 운영하고 있었다.

2009년 우리나라 굴지의 L전자의 글로벌 프로젝트에 참여한 적이 있다. B2B 세일즈 강화를 위한 활동을 도왔다. 그것은 놀랍게도 B2B의 기초 개념부터였다. 2010년에는 S전자의 해외 프로젝트에 참여했다. 현지 시장분석과 채널 세일즈 강화를 위한 프로젝트였다. 그런데 이미 3년 전에 컨설팅까지 받아 수십억을 들여 개발한 세일즈 시스템을 전혀 쓰지 않고 있었다. B2B의 기본이라 할 수 있는 세일즈 파이프라인도 관리하지 않고 있었다. 심지어 보고서는 엑셀로 작성되고 있었다물론 엑셀도 좋을 수 있다. 어쨌든 프로세스나 데이터베이스도 정비할 게 아주 많았다. '우리나라 B2B 분야의 세일즈가 생각보다 준비가 안 되어 있구나. 최고 기업이 이 정도라면 중소기업은 어떨까? 좀 더 스마트하게 잘할 수 있는 영역이 많은데 …' 놀라움과 함께한 생각이었다. 기업은 지속적으로 고객의 발굴/관리/확장을 위한 세일즈와 마케팅 활동에 대한 숙명을 갖고 있다. 세일즈는 안 해도 망하고 제대로 못 해도 망한다.

비즈니스 현장에서는 매일 전투가 벌어진다 그리고 고민은 깊어간다

"수고했어. 올해 정말 힘들었지? 근데, 내년에는 반드시 복구해야 해. 올해 목표보다 30% 더 하라고 하네." 회장님 지시사항으로 올해 실적 대비 30% 이상 성과를 더 달성하라고 한다. 올해 목표 대비는 10% 성장이지만, 올해는 몇몇 큰 건들이 있어서 그나마 면피 정도했다. 하지만, 내년은 다르다. 경기는 좋아질 가능성이 거의 없고, 주어진 미션은 당연히 맞춰야 한다. 하지만, 고객이 내 사정 봐줘서 갑자기 와서 '힘들지? 더 사줄게' 할 리도 없다.

회사의 자원들은 거의 '완전 가동'하고 있는데, 어찌해야 할까? 근본적으로 척박한 비즈니스 환경에서 내가 할 수 있는 일은 무엇일까?

아래에 우리가 생각해봐야 할 질문들이 있다 스스로에게 던져 보자

세계/국내 산업계 트렌드를 파악해서 활용해 볼까? 빅데이터를 소재로 한 매출확대는?

2개월 후에 출시되는 신제품을 고객들에게 알리면 좋겠는데, 저렴하고 효과적인 방법이 없을까?

우리의 가망 고객은 누구고, 그들에게서 우리는 얼마의 매출을 확대할 수 있을까? 어떠한 방법이 있을까? 우선 100개 대형 고객에 최소 1달에 1회 이상 가보거나 전화를 해볼까?

무슨 건수로 들이대지?

마케팅 행사를 할까? 초대하면 얼마나 올까?

행사 후에 고객관리는 어떻게 할까? 얼마나 효과가 있을까?

고객의 지갑 규모가 1,000억 원 정도 될까? 그 중 우리 회사에게 10% 쓰나?

고객들에게 우리 회사의 존재감은 어느 정도일까? 우리는 어떤 모습으로 자리하고 있을까?

1등 회사들은 어떤 세일즈/마케팅 방법들을 채택하고 있나?

✓ 신제품 출시, 중소규모시장 및 신규시장 진출 시에 '전략적 PR홍보, 시장 조사, 고객 프로파일링, 잠재고객 대상 수요개발 인사이드 세일즈'를 수행한다.

- ▶ PR키워드/중심인물/제품·서비스 3회
- ▶ 산업군별 1,000명 고객 대상 시장 조사
- ▶ 고객 프로파일링관심도/잠재력
- ▶ 리드초도 영업기회 발굴 세일즈 운영: 잠재 고객 300개 대상 '관심사항Reason to touch'를 기반으로 3개월 리듬

✓ 발굴된 세일즈 리드를 지속 관리함으로써 구체적인 영업기회상세 구매예상 내용 확인로 발전시켜 나간다.

▶ 인사이드 세일즈 모델 적용을 통한 시장 침투범위 5배 확대: 세일즈 리드의 고도화, 파이프라인 업데이트 및 지속적인 관리 수행

▶ 목표 대비 3~5배의 파이프라인 개발을 위한 세일즈 관리: 일반적으로 영업기회의 수주성공률이 20~30%인 점을 감안하여 평균 3배수 이상의 파이프라인 발굴

▶ 파이프라인 발굴/관리/예측을 통해 기간별 매출 예측이 가능하게 함

✓ 정제된 어카운트에 대한 차별화된 관리가 가능하도록 어카운트프로파일/이력/세일즈단계 관리를 진행한다.

▶ 어카운트 데이터 업데이트[클렌징]: 담당 어카운트에 대한 주요 정보를 정기적/비정기적으로 업데이트 진행

▶ 1년 동안 업데이트가 없는 어카운트는 제거Sort-out: 본인이 담당하고 있다고 해도 대상 어카운트에서 제외

Check 여러분은 본인 담당 어카운트에 얼마나 자주 연락하며, 관련 정보를 업데이트 하고 있다고 생각하나? 의뢰를 받아 어카운트 데이터 업데이트를 진행해 보면, 이미 3년 이상이 된 정보이거나 담당자는 퇴사하여 그런 사람 없다고 하는 곳들이 대부분이다. 심지어 사원이 국장이 돼 있는 경우도 있고, 회사가 없어진 곳들도 많다. 전화번호가 바뀐 경우는 부지기수다.

✓ 고객 관리와 브랜드 인지도 유지 및 향상을 위한 방안으로 세미나를 주로 활용한다.

▶ 세미나: 일회성이 아닌 지속 관리가 가능한 형태의 세미나. 세미나 리드 콜, 맞춤형 온라인 세미나활성화된 150~300대 고객 대상, 세일즈 리드 트래킹 콜, 목표 고객프로파일 확인된 100대 고객 대상의 집중 오프라인 세미나, 프로젝트 수주

B2B, 대상 고객은 아는 사람이 아니다. 기업 또는 기관 조직이다. 위 내용을 참조해서 다른 접근을 해보시길 바란다.

세일즈, 못하면 개선할 수 있지만 안하면 망한다

2016 대한민국 B2B IT 강소기업, 어떻게 다르게 세일즈 할 것인가?

최근 외국계 IT 대기업의 국내파트너사 영업대표들, 스타트업 기업들의 대표들을 대상으로 한 강의를 진행했다. 두 번 놀랐다. 대표들의 열정적인 태도에 한 번, B2B 세일즈 언어들을 대하는 생소함에 한 번.

이번 글에서는 주로 선진 다국적기업 고객사들과 진행한 B2B 세일즈 활동들에 대해 숫자들을 바탕으로 얘기하려 한다. 의미 있는 숫자들과 경험들이 있다면 참조해 보시기 바란다.

Business 2 Business 세일즈의 속성

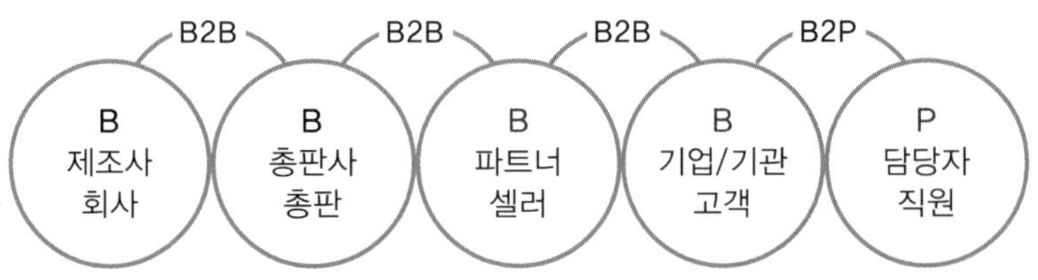

'회사'는 '총판'에 총판계약에 의해 제품을 공급하고, '총판'은 '셀러'에게, '셀러'는 '고객'에게 제품을 공급한다. 그 제품의 구매는 '고객'의 '직원'에 의해 이뤄진다. 여기서 우리가 주목하고자 하는 것은 기업고객과 조직, 그리고 그 주체가 되는 사람이다. '직원'은 조직 안에 있고, 기업고객은 '직원'들의 집합이다. B2B는 한 번에 이뤄지지 않는 복잡한 거래관계를 갖고 있다. 복잡하기에 어렵기도 하지만 오래 지속되기도 한다. 그리고 규모가 일반 B2C에 비해 크다. '고객'과 '직원'에 대해 좀 더 얘기해 보자.

B 고객(대한민국 기준)

3,800,000	540,000	700	1,000번째 기업	732
사업체 (통계청, 2014년 말 기준)	회사법인 (통계청, 2014년 말 기준)	종업원 500명 이상 기업 (JKL컴퍼니 자체통계, 2015년)	한국태양유전 (매경DB, 매출기준, 2014년)	KOSPI 상장 기업 (2015년)

B2B 세일즈를 위해 갈 곳은 이렇게 많다. 실은 너무 많다. 어느 곳부터 갈 지를 정하는 과정이 필요하다.

B2B 세일즈 수행 단계(사례를 바탕으로)

1 DB Cleansing [DB 클렌징]

5,000개 기업 담당사의 Database 정보가 맞는지, 담당자가 맞는지, 변경됐으면 누구인지 등을 확인한다.

그 과정에서 사원이 국장이 돼 있는 경우, 심지어 DB에 있던 담당자가 이미 세상을 떠난 경우도 있었다. 10년이 지난 data도 있었으니, 강산이 한 번 변한 셈이다.

2.5개월의 기간 동안 1,600명 이상의 Clean Database를 확보할 수 있었다. 우리가 생각하는 것보다, 3년 이상이 지난 DB는 'Clean' 하지 않다.

2 Profiling [프로파일링]

400개 공공 및 기업 리스트를 대상으로, 솔루션 분야 관련 담당자 이름, 전화, 이메일 연락처, 종업원 수, 지사 수, 해외 공장 등의 파악 대상 정보를 확인한다.

전화와 이메일을 통해 프로파일을 확보한다.

그 과정에서 약 4건의 실질 영업기회가 확인된다. 이 영업기회는 프로파일링 과정의 덤이다. 영업기회 발굴을 위한 과정은 잠시 참자.

2개월의 기간 동안 320명의 이상의 담당자 및 관련 정보를 확보할 수 있었다.

3 Lead Generation [영업기회 발굴]

1,200여 개 공공, 의료, 금융 분야 기업 리스트를 대상으로, 솔루션 분야 관련 담당자 이름, 전화, 이메일 연락처, 종업원 수, 관련 기술의 도입 여부, 향후 방안에 대해 차례로 정보를 확인한다.

전화와 이메일을 통해 영업기회 발굴 활동을 전개한다.

그 과정에서 고객의 심도 있는 기술 문의가 필요할 경우 기술 엔지니어에게 연결하여 고객의 궁금증 해소를 돕고 신뢰도를 높인다. 견적이나 제안 요청 등 영업 전개가 바로 요청될 경우에도, 고객 상황에 대한 파악 이후 영업이 전개될 수 있도록 기술 상담으로 연결한다. 이는 고객의 신뢰를 두텁게 하여 영업 성공률을 높이는 효과를 얻는다.

5개월의 기간 동안 916 프로파일, 120건이 넘는 영업기회가 발굴되고 있고, 기존 유보상태의 잠재기회들도 더 높은 수준의 영업단계로 전개시키고 있다. 그 중 3개월 만에 수주에 이르는 경우도 있었다.

4 Account Sales [주요 어카운트 영업]

1,600여 개의 잠재 기업 리스트수년 동안 수면 밑에서 잠자고 있던 기존 고객를 대상으로 1년 동안, 전략 솔루션 분야 관련 담당자 이름, 전화, 이메일 연락처, 종업원 수, 관련 기술의 도입 여부, 향후 방안에 대해 차례로 정보를 확인한다.

1명의 숙련 ISR이 전화와 이메일, 온라인 컨퍼런스 초대 등을 통해 어카운트 세일즈를 전개한다.

그 과정에서 담당자와 신뢰를 쌓고, 분기별 1회 이상 세일즈 터치, 인사이드 세일즈와 현장 영업의 협업 등을 통해 영업 기회를 쌓고 발전시켜 나간다. 고객의 자료요청이나 기술 문의의 경우 즉각적으로 응대하고, 심도 있는 기술 문의가 필요할 경우 기술 엔지니어에게 연결하여 고객의 실질적인 필요사항에 대한 해소를 돕고 신뢰도를 높인다. 관계와 신뢰의 상승에 따른 견적이나 제안 요청 등을 적극적으로 전개하고, 현장 세일즈팀의 고객 방문과 지속적인 케어를 통해 계약에 이른다.

1년의 기간 동안 896 프로파일, 254건의 영업기회 발굴, 15건의 프로젝트 수주에 이른다. 이후 상위 20% 고객에 대해 지속적인 관리와 영업을 이어간다.

B2B 세일즈 수행 전 준비

1 DB

매우 훌륭한 세일즈맨이 세일즈를 해도 결과가 안 나올 때가 있다. 바로 대상 고객사 DB가 좋지 않을 때가 그 경우 중 하나다. DB를 어떻게 확보해야 할까 다들 고민이다. 방법은 여러가지가 있겠지만, 뚜렷한 방법이 없을 경우 앞서 'B 고객'에서 풀어 놓은 세분화 방안을 채택해 보기를 권한다. 큰 곳에서부터 조금씩 세부 단계산업군/규모별 분류가 가장 일반적이다로 내려오다 보면 대상 DB를 좁힐 수 있다. 그런 노력없이 신규 고객을 확보하겠다면 돈과 시간이 아주 많이 들 것이다.

2 26 Reason [고객의 이유 26가지]

고객이 여러분을 만날Reason To Meet 이유는 무엇인가?

고객이 여러분의 솔루션에 대해 들을Reason To Listen 이유는 무엇인가?

고객이 여러분의 솔루션을 실험해 볼Reason To Test 이유는 무엇인가?

내 회사 내 제품 내 솔루션 입장이 아니라, 고객의 입장에서 여러분과 함께 이야기를 전개할 이유를 찾고 고민해 보자. 의외로 우리는 이런 고민을 고객의 입장에서 생각해보지 않는다. 만나 주지 않거나, 들을 생각조차 하지 않는다고 고객을 폄하한다. 그리고 아직도 깨우치지 못한 세상을 한탄한다.

위 26 Reason에 대한 이야기들은 '진입'에서 자세히 다뤄진다.

3 Sales scenario

고객이 나와 만나고 내 이야기를 들을 이유를 찾았다면, 실제로 세일즈의 전개는 어떻게 할 것인가? 어떻게 문지기를 통과하고, 담당자는 누구부서, 직급, 직책를 찾을 것이며, 각 담당에게 어떠한 메시지와 이유를 들이댈 것인가? 앞서 얘기했듯이 담당자는 조직 속에 존재한다. 담당하는 업무마다 각자 관점이나 중요하게 생각하는 바가 다르다. 각각 다른 시나리오가 필요하다. 다소 복잡해 보인다고 생각할 수는 있다. 고객이 나와 만나고 내 이야기를 들을 이유에서부터 예상되는 저항과 해법들이 너무 어렵다고 생각할 수 있다. 그런데, 직접 손으로 써 내려가다 보면 의외로 재미있는 작업이 될 것이다. 깔끔하게 정리하는 것은 나중 숙제로 남겨도 좋지만, 시나리오를 그려보는 작업은 해보시기를 바란다. 의외의 재미와 함께 놀라운

답을 찾을 수도 있다.

지면의 한계로 더 상세히 다룰 수 없음에 아쉬움이 있지만, 상기의 사항들 중 하나프로파일링라도 한 번 해보시기를 권한다. 부딪혀보지 않고는 어디에 문제가 있고, 잠재적이라도 수요가 있는지 알 수가 없다. 이러한 과정에서, 만약 해당 분야 수요가 예측되지 않는다면 왜 그런 지를 분석해 보고 빠르게 궤도를 수정할 수 있다.

✓ 수행 전 단계를 준비

1 DB
2 고객의 이유
3 세일즈 시나리오

✓ 그리고, 단계별로 하나씩 수행

1 DB 클렌징정제되지 않은 기존 DB가 있다면
2 프로파일링
3 영업기회 발굴
4 주요 어카운트 영업

늘 하는 얘기지만, '해보자!'
B2B 세일즈. 못하면 개선할 수 있지만, 안하면 망한다.

B2B Sales

고객의 종류는 단, 두 가지

세일즈란? 세일즈는 분명 판매행위다. 그러나, 그것만으로는 뭔가 분명하지 않다.

그렇다면 세일즈란?

1. 고객이 '원하는 것'을 이뤄주는 것[전통적인 의미의 세일즈]
2. 고객이 '원하면서도 원하는 지를 모르는 것'을 이뤄주는 것[통찰과 차별화를 통한 스마트 세일즈]

보통의 세일즈는 1번이다. 뛰어난 세일즈는 2번이다.

대부분의 대한민국 직장인은 당연한 듯이 스마트폰을 사용하고 있을 것이다. 하지만, 불과 몇 년 전만 해도 대부분의 우리들은 '이것을 내가 꼭 써야 하나?'라는 의문에 싸여 있었다. 그런데 지금은 왜 당연한 듯이 쓰고 있을까. 거부감조차 없다. 이제는 '이 스마트폰을 새로운 버전으로 언제 바꿀까'가 오히려 고민인 시대가 되었다. 우리에게는 스마트폰이 바로 '원하면서도 원하는지 조차 몰랐던 것'이라고 할 수 있다.

고객에는 두 분류가 있다.

지금 무엇이 필요한지를 아는 고객

"네. 국내 사용자 300명, 미국, 중국법인 간 디자인 파일 업로드, 다운로드 속도 ○○로 처리 가능한 시스템이 필요합니다. 6월까지 시스템을 갖춰야 합니다."

"아, 네. 이미 많은 지식을 갖고 계시고, 준비를 하신 듯 합니다. 상세한 협의를 위해 저희가 언제쯤 찾아 뵈면 될까요? 금주 목요일 오전 어떠신지요?"

많이 아는 고객이면서, 세일즈맨에게 있어서는 별로 틈이 없어 보이는 고객이지만, 어쨌든 '도움'이 필요한 고객이다.

무엇이 필요한지를 알려줘야 하는 고객

"네? 클라우드 컴퓨팅요? 많이 들어봤지요. 근데, 그거 할 수 있겠어요? 우린 너무 이르고 …."

"아, 네. 많은 분들이 그렇게 얘기 하십니다. 그런데 SS중공업이 라이벌이시죠? 그곳이 이미 작년부터 순차적으로 도입을 시작하셨는데요 …."

"네? 벌써요? 언제요? 어떻게요? 어느 정도 범위로 하는데요?"

필요도 모르고, 아무런 관심도 없던 고객이다. 그런데 '급'관심을 보인다. 해야만 하는 이유를 느꼈기 때문이다. 옆집이 할 때 가장 위기감이 느껴진다. 안 했다가 "당신은 왜 하자고도 안 했어?"라는 역공을 당하면 나만 '뭐' 되기 때문이다. 전문가의 도움이 절실한 고객이다. 물론 전문가는 레인메이커 세일즈맨마른 하늘에도 비가 오게 하는 매우 훌륭한 세일즈맨이다.

원하면서도 원하는 지 모르고 있는 고객에게 무엇이 필요한지 정확히 짚어줄 수 있는 세일즈맨, 그런 세일즈맨이 되어야 한다. 고객은 최고의 제품을 사는 것이 아니다. 최적의 제품을 사는 것이다. 최적의 제품을 사도록 도와 주는 것이 최고의 '세일즈맨'의 역할이다.

마이클 보스워스가 '솔루션 씽킹 솔루션 셀링'이라는 책에서 이 같은 말을 했다.

"판매에 성공하기 위해 꼭 최고의 제품이 있어야 하는 것은 아니다. 적절한 제품이면 충분하다."

오늘날의 경쟁적인 환경에서, 판매를 성공시키는 것은 최고의 세일즈맨이지 최고의 제품이 아니다. 다시 말해, 판매 과정이 제품 자체보다 더 중요하다.

레인메이커 세일즈맨

마른 하늘에 비가 오게 하는 매우 훌륭한 세일즈맨을 일컫는 말이다. 보통의 판매 행위들을 영업이라고 해도 된다. 그런데 세일즈와 마케팅이 회사의 주요 서비스인 나는 굳이 '세일즈'라는 말을 쓴다. 왜냐? 우리의 영업은 좀 달라질 필요가 있기 때문이다. 좀 더 달라지자는 뜻에서 '스마트 세일즈'라는 말을 쓴다.

B2B 마케팅: 고객관점으로 차별화
IT 기업들의 온라인 컨퍼런스 사례 2가지

2016 IT 핵심 키워드, 고객! 고객은 도대체 무엇을 원하는 것일까? 매출로 이어지는 마케팅을 할 수는 없을까? 누구나 이에 대한 답을 원하지만, 그 답을 찾기란 쉽지 않다.

이에 대한 답으로 최근 몇 차례 이상 성공적인 성과를 경험한 온라인 컨퍼런스의 사례들을 살펴보자.

■ A 보안 기업 사례

2015년 6월 열린 'APT 시큐리티 온라인 컨퍼런스'가 최근 5년간의 웹 세미나 이벤트 중에서 최대 참석자인 502명의 기록을 세웠다. A 보안 기업은 오프라인 행사를 온라인으로 변경하고, 오프라인 참가자들의 성공적인 온라인 전환을 통해 온라인 최다 고객 유치라는 성과를 거둘 수 있었다.

주요 기록

온라인 컨퍼런스 성공 원인

- Vendor 제품보다 사용자 관점에서 프로젝트의 주제를 선정하여 다양한 세션을 진행

- 실제 고객의 사례 발표로 현업 참석자의 관심도 증가

- 사용자 관점의 이벤트 제목과 내용 카피 사용
- 온라인 컨퍼런스 결과물 모듈화 및 구체적 키워드 삽입으로 검색 활성화(행사 컨텐츠의 디지털 업로드: "지능형 공격"의 구글 검색 결과, 광고를 제외하고 상위 5개에 카테고리별 모듈화된 다시보기가 노출)
- 컨퍼런스 후 디지털 컨텐츠의 편집 및 동영상 업로드

■ B 기업 사례

Before [단순 솔루션 소개 제목과 이미지]

After [고객 관점으로 변환]

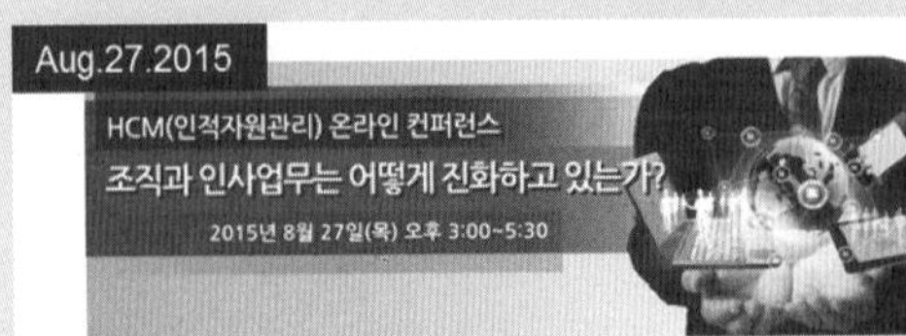

울림이 없던 B사 관점의 카피를 탈피하고, 고객 관점으로 전환한 온라인 컨퍼런스의 결과는 어땠을까? After가 Before 대비 3배 이상의 등록(500명)과 참여(300명)를 이끌어 냈다.

제품이 아닌 고객으로의 관점을 전환하고 고객 중심의 양질 컨텐츠 구성을 통한 변화의 결과는 이전 대비 차이가 컸다(참고로 온라인 컨퍼런스는 같은 규모의 고객을 유치할 경우, 기존 오프라인 위주 행사의 약 20%의 비용으로 진행이 가능하다).

위 기업들의 성공적인 경험 속에서 공통적인 요소는 고객참여, 고객 중심 컨텐츠, 그리고 디지털을 통한 융합이다. SNS 연계 디지털 마케팅이라는 남들이 다 하니까 해야 될 거 같고 좋아 보이지만, 지속적인 울림이 없는 그런 B2B 마케팅과 다르다. 고객 및 잠재 고객들이 실시간으로 함께 질문과 의견을 나누며, 이후에도 인사이드 세일즈와의 연계를 통해 고객과 지속적인 소통을 이어나가는 융합 마케팅이다.

마케팅, 디지털과의 융합을 통한 성과 경험

'융합'이라는 단어는 2000년대 후반 금융위기 이래 경제의 핵심 키워드이며, 앞으로 경제에서도 매우 중요한 키워드가 될 것이다.

가트너가 발표한 2016년 IT 핵심 키워드 10가지 중 '디바이스 메시'와 '주변 사용자 경험'이 있다. 디바이스 메시는 가전제품, 웨어러블 기기, 모바일, 자동차, 사물인터넷 같은 센서들도 포함한 촘촘한 융합을 내포한다. 주변 사용자 경험은 디바이스 메시 속에서 시간과 공간을 넘어 같은 경험을 주고 받으며 지속성이 유지되는 것을 의미한다. 이러한 예측 속에서 모바일과의 융합은 앞으로도 역시 중요한 IT의 화두이다. 따라서 향후 마케팅은 디바이스들을 최대한 활용하고, 실시간으로 고객과 소통하고 컨텐츠를 제공하는 방향으로 진행되어야 한다. 그 과정에서 브랜드의 정립은 물론 현재 고객의 참여와 잠재 고객의 발굴을 이뤄야 한다.

물론 마케팅을 진행하는 과정이나, 이를 통해 브랜드를 알리고 정립해 가는 것은 쉬운 과정이 아니다. 마케팅의 거장 필립 코틀러와 발데마

퓌르치의 공저 'B2B 브랜드 마케팅'이란 책에 이런 이야기가 있다. '브랜딩은 B2C에서와 마찬가지로 B2B에서도 관련이 있다. 마이크로소프트, IBM, 인텔, 델, SAP, 지멘스, 페덱스, 보잉 같은 브랜드들은 세상에서 가장 강력한 브랜드들 중 일부는 B2B 영역에서도 존재한다는 사실을 명백히 보여준다.' 마케팅! 그것은 반드시 필요하며, B2B 기업들일지라도 고객들 속에서 이루어져야 한다.

더 이상 반복하고 싶지 않을 이야기가 있다.

잘 알려진 IT 기업 중 하나인 Q사는 그간 지속적인 마케팅 활동 속에서 고객 행사도 이어오고 있다. 1년에 두 차례 참석 인원 천명이 넘는 대규모 세미나를 주최하고, 타사와 공동 세미나나 분기별 로드쇼도 연다. 대규모 전시회에도 스폰서로 참여한다. 마케팅 활동이 적지 않다. 그런데 '그렇게 많은 돈을 들여 마케팅을 하고 있는데 왜 돈이 안 벌리냐?'는 사장의 호통 소리만이 적막한 사무실을 울린다고 한다.

앞으로 우리는 좀 더 다른 마케팅을 전개해 보자.

1. 고객의 참여를 통해 실질적인 사례를 공유한다.
2. 현장에서 온/오프라인 참여자들과 실시간으로 질문과 의견을 나눈다.
3. 컨퍼런스 후 유투브나 네이버를 통해 업로드되는 디지털 컨텐츠를 통해 시간과 공간을 넘어 지속적인 경험을 나눈다.
4. 의미있는 어카운트의 질문이나 의견에 대해서, 인사이드 세일즈 연계를 통해 연결을 이어간다.
5. 영업기회와 매출로 이어지는 실질적인 비즈니스 성과를 거둔다.

● 마케팅과 세일즈의 연계 포인트

세미나는 마케팅의 물론 매우 좋은 도구 중 하나다. 고객이 관심을 가질 만한 주제를 선정하고 적극적으로 알린다는 면에서 잊지 말아야 할 점은 이러한 마케팅은 '측면 효과'를 주는 도구라는 점이다. 기업고객은 결코 마케팅 행사 하나 때문에 구매를 결정하지는 않는다. 자기 하나만을 위한 것이 아닌 다수를 대상으로 한 행사 때문에 구매를 결정하거나 갑자기 가까워 진다는 것은 따지고 보면 이해하기도 어렵다. 세일즈는 직접적으로 이뤄져야 한다. 1 : 1로, 사람과 사람이 만들어 내는 신뢰 게임이다.

그래서 또 한 가지 유의할 점은 세미나 장에 온 고객은 좀 더 장기적인 안목을 가질 필요가 있다. 오히려 오지 않은 주요고객에서 단기에 구매할 확률이 더 높다. 구체적인 구매계획이 있는 고객이 굳이 관련 마케팅 행사 장에 올 동인은 크지 않다. 선물을 준다? 영업사원이 선물도 자료도 교육도 알아서 해 준다. 그런데 굳이 내 발로 가야 할까? 결론적으로 세미나는 매우 중요한 마케팅의 도구이지만, 1회로 그쳐서는 안 되며, 또한 행사 이후 지속 관리가 없으면 헛돈 쓰는 일이 될 확률이 매우 높다는 것이다.

관문을 통과하려면 고객의 언어를 쓰자

두번째 단계 : 진입

나는 생각했다. 세일즈의 바다는 얼마나 넓을까? 그 고객들을 다 잡을 수 있을까? 게다가 날마다 새로운 고객이 탄생한다. '나는 가수다' 프로그램이 있기 전, 그 음원들은 존재하지 않았고, 고객도 없었고, 시장도 없었다. 이처럼 언제 어디서 얼만큼의 새로운 시장이 만들어 질 지 알 수 없다.

이미 지난 주에 시작된 세일즈

'훌륭한 수확'을 위해서는 수시로 잡초를 뽑고, 때에 맞게 물을 주고, 또 시간 맞춰 수확을 해야 한다. '고객 만족'을 얻어내야 하는 우리의 운명도 이와 같다. 타이밍으로 시작해 타이밍으로 끝나는 것이다. 세일즈 세계에서 늘 반복되며 우리의 가슴을 졸이게 만드는 일이 있다. 아마도 한번쯤은 경험해 보지 않았을까? 하는 일이다.

다음은 '한가한' 대리의 가상 이야기이다.

'자, 이제 이번 주 세일즈를 시작해 볼까나? 어디부터 갈까?'

"아, 네. 여보세요? 김새네 과장님? 안녕하세요. 한가한입니다. 잘 계셨죠? 아, 네. 이번 주 많이 바쁘시다고요? 네, 알겠습니다. 다음 주에 다시 한 번 전화 드리겠습니다. 하하하 …."

"아 네, 박그만 차장님. 안녕하세요. 한가한 대리입니다. 네? 나중에 연락 달라고요? 아, 네. 알겠습니다. 감사합니다 ….”

“여보세요? 고자세 실장님? 실장님 안 계시다고요? 출장이요? 이번 주 내내 안 계신다고요? 아, 네. 알겠습니다 ….”

“아, 네. 회의 중이요. 알겠습니다. 네네.”

“아, 네. 안 계시다고요. 네네.”

‘뭐야, 이거? 이번 주 어쩌지? 영업 미팅에서 뭐라고 하지? 이번 달 실적은 어쩌고? 아 …’

여러분도 한 번쯤 겪어 봤을 만한 상황일 것이다. 물론, 나도 마찬가지였다. 어떻게 된 걸까? 왜 하나 같이 바쁘고, 회의 중이고, 출장 중인 걸까? 고객도 그 어떤 사람도 나를 기다려 주는 사람은 왜 없는 걸까? 하지만 사실 따지고 보면 그들이 나를 기다려 줄 이유도 딱히 없다. 그들은 내가 언제 연락할 지도 알 수 없으니까 말이다.

그럼 미리 미리 연락만 뿌려 놓으면 우리의 세일즈가, 우리의 고객이, 무럭무럭 자랄까?

조금 다른 이야기이다.

다음 주 화요일에 ‘고난도’ 고객과 제안서와 제품설명서, 견적서를 가지고 오후 2시에 테헤란로 무역센터 37층 회의실에서 만나기로 했다고 하자. 일단 그날 아침이 되니 주간 회의 후 어제 만난 ‘난더해’ 고객에게 주기로 한 표준 제안서와 표준 견적서 작업으로 인해 오전 시간이 바쁘게 지나간다. 결국 점심도 못 먹고 부랴부랴 찾아가긴 가는데 준비한 자료를 프린트하느라, 또 어디서 만나기로 한 것인지

수첩의 메모를 찾느라 조금 늦는다. 헉헉거리며 도착하여 자료를 전달하니 고객이 타 제품하고 비교하면서 설명을 요구한다. 일단 잘 모르니 돌아가서 보내 주겠다고 하거나 프리세일즈에게 문의한다고 무마한다. 때로는 급한 마음에 그냥 무조건 된다고 해버린다나중에 기술팀과 난타전이 예상된다. 그러자 고객은 시안서에 있는 내용 중 하나만 빼고 가격을 조정해서 오늘 구매팀에 넘긴다고 한다. 분기가 넘어가면 안 되기에 오늘 제안서를 수정해 달라고 한다.

늘 이렇지 않지만 자주 경험해 본 일이 아닐까? 자, 그럼 '다음 주 세일즈를 이번 주에 미리 끝내는' 스마트한 세일즈의 일상을 위 사례로 재구성해 보자.

A고객과 미팅 후 스마트폰 일정에 시간과 장소, 준비물을 등록한다. 물론 1일 전에 알림을 맞춰 놓고 구글 캘린더에 동시에 공유하여 팀장님 및 관련자들에게 공유한다. 약속 전 날 B고객이 요구한 표준 제안서와 견적서는 회사 자료실에 접속하여, 미팅을 마치고 나오는 길 지하철 안에서 바로 고객에게 전송한다.

당일 아침 주간 회의 이후 구글 캘린더의 팀 일정을 확인하고, 고객회사 소개와 재무상태, 기사 등을 검색해 둔다. 그리고 제안서 내용을 다시 한 번 읽어보고 혹시 몰라 개인 클라우드에 접속하여 문서들을 올려 놓는다. 그리고 점심도 일찍 마친다. 스마트폰 알림과 함께 약속장소의 위치를 구글 지도에서 확인한다. 지도 App으로 교통편 및 소요 시간을 확인하고 출발한다.

도착하여 고객이 요구하는 비교자료는 회사의 세일즈 KMS에 접속하여, 표준비교자료와 이전 프로젝트 사례를 태블릿 PC로 바로 보여 주며 설명한다. 고객을 만족시키고 나니 견적서를 수정하자고 한다. 내부 결재를 거치고 수정 후 바로 보내 주기로 하고, 미팅을 마치고 나온다.

나오자 마자 Wifi가 되는 카페에 들어가 개인 클라우드에 접속, 견적서를 열어 수정을 하고 회사 전자결재시스템에 올린다. 회사 UCUnified Communication를 통해 팀장님, 기술진들과 화상회의 또는 그룹 채팅으로 문제가 없는지를 체크한다.

급행으로 전자결재를 거치고 고객에게 바로 견적서를 전송한다. 전화로 확인 후에 유유히 데이트 약속이 있는 강남으로 이동한다.

스마트 시대에 스마트하게 세일즈하자.

이번 주에 세일즈 하려고 이번 주에 준비한다? 실패! 그것은 지금 먹으려고 오늘 밭에 씨를 뿌리는 것과 크게 다르지 않다. 만약 이번 주를 아무런 준비 없이 시작했다면? 다른 방법 없다. 남들 보다 두 배 이상 뛸 수밖에 없다. 두 배 더 연락해 보고, 가능한 곳을 향해 뛰어야 한다이렇게 한다고 해서, 준비안 된 한 주가 잘 지나갈 거라고 장담할 수는 없지만 말이다. 게다가 그 다음 주도 이번 주와 같이 실수를 반복해서는 안 되기에 다음 주를 위한 준비도 해야 한다. 허덕인다.

이런 식으로 하면 나의 다음 달은 어떨까? 1년 후는 어떨까? 또 10년 후 내 영업은 어떤 모습일까?

잠시 옛날 사진 몇 장만 보자네티즌 한 분이 집 앞에서 찍은 사진이라며 올려준 사진들이다. 시간에 대한 좋은 영감을 주는 사진들이다. 이 자리를 빌어 감사의 말씀을 전한다.

1977년도에 찍은 서울 강남의 어느 고등학교 사진이라고 한다.

1987년도에 찍은 같은 자리의 사진이다 실제로는 칼라 사진이다. 그래도 여전히 감이 안 온다.

이곳의 최근 모습이다.

감이 왔는가? 삼성동 공항 터미널 부근이다.

2016년 당신의 모습은 어떠한가? 10년 전에 비해 어떻게 달라 졌는가? 2026년에 내 자리는 어떤 모습일까?

지금까지 역사는 어느 한 방향으로 흘러갔다. 강남의 개발은 이미 예견된 것이었고, 다만 그곳을 미리 떠난 사람들은 그 혜택을 누리지 못했을 뿐이다. 그 혜택은 그 흐름을 미리 본 사람들의 몫이 됐다. 이처럼 앞으로도 세상은 어느 한 방향으로 흘러갈 것이다.

부동산 얘기를 하자는 것이 아니다. 핵심은 내가 하고자 하는 일이 세상의 흐름 위에 서느냐이다. 그래서 전략적인 움직임이 필수다. 나의 움직임이 긴 호흡으로 나의 꿈과 목표를 향해야 한다. 그래야, 세상의 흐름도 보인다. 내가 짧은 호흡만 한다면, 짧은 거리밖에 못

움직인다. 짧은 거리밖에 안 보이기 때문이다. 중요한 포인트를 하나 이야기하겠다. 내 친구 중 한 명인 금융회사 고위 임원이 몇 년 전 내게 한 이야기이다.

"10년 전에 사귄 고객들 덕분에 지금 먹고 산다."

이 친구는 지금 고객과 술도 잘 안 마신단다. 가끔 점심 식사를 하고, 어쩌다 한 번 골프를 친다고 한다. '10년 전'이라니 … 그 동안 난 뭘 했을까?라는 생각과 함께 가슴에 울림이 있었다.

2002년 봄, 대기업의 한 과장을 만났었다. 그 과장은 IT Helpdesk라고 하는 솔루션을 도입하고자 한다고 했다. 내가 다니던 회사의 국산 솔루션이 유명하다고 들었는데, 한 번 보자며 연락이 왔다. 다른 R사의 제품도 함께 검토하고 있다고 했다. 만나보니 그 과장님은 Helpdesk는 모르지만, 윗 분의 지시를 받은 것 같았다. 즉, 숙제를 해야 하는 것이다. 다행히 그 분과도 호흡이 잘 맞아서 솔루션을 판매하고 구축도 잘 했다.

그리고? 그걸로 끝이었다. 10년이 지난 지금, 그 분도 달라져 있을 것이다. 물론 그 회사는 분명 더 커졌다. 훨씬 더 … 10년의 호흡이 참 아쉬운 이야기다.

'10년 법칙'이 있다고 한다. 차동엽 신부가 '무지개 원리'란 책에서 나눠준 얘기다.

"스톡홀름 대학교의 앤더슨 에릭슨 박사가 '10년 법칙'을 얘기했다. "어떤 분야에서 최고 수준의 성과와 성취에 도달하려면 최소 10년 정도는 집중적인 사전 준비를 해야 한다."는 것을 의미한다. 10년 후의 성공을 준비하자."

나도 10년 전 국내 벤처 회사에서 근무할 때 외국계회사의 한국 지사장이 꿈이었다. 막연하긴 했지만 믿고 꿈꿨다. 그리고 열심히 뛰었다. 그랬더니, 어느 순간 되어 있더라. 10년이 채 안 걸렸다. 내 영업도 10년 후를 내다보고 한다면 결과는 분명 다를 것이다. '오늘은 배불리 먹고 내일은 굶으리라'라는 생각이 아니라면, 10년의 호흡으로 달려 보자.

나의 역사도 어느 한 방향으로 흐른다. 내가 오늘 하는 행동, 다른 사람이 하는 행동, 모두 다 어떤 패턴 안에 있다. 그러나 '그 패턴을 내가 미리 알고 지배하는가' 아니면 '그저 계획 없이 따라가는가' 둘 사이에는 큰 차이가 있다. 세일즈맨이 고객을 만나면 이미 1년 후의 모습을 그리고 있어야 한다. 그리고 그 모습을 고객에게도 심어줘야 한다. 고객은 나를 만났을 때 편안함을 느껴야 한다. 내가 고객을 잘 알아야 하는 이유도 거기에 있다.

곧 다가올 10년을 위해, 그보다 더 빨리 다가올 다음 주, 그리고 내일을 위해!

오늘은 아침에 이미.

내일은 오늘 이미.

다음 주는 이번 주 금요일에 이미.

다음 달은 이번 달 마지막 금요일에 이미.

다음 분기는 이번 분기 마지막 금요일에 이미.

다음 해는 이번 해 마지막 금요일에 이미.

10년 후는 오늘 이미.

시작됐다.

자, 그럼, 준비하는 것이 좋다는 것은 다 알겠다. 그런데, 막상 그게 잘 되지 않고 또 어떻게 해야 할 지도 모르겠다면? 어렵지 않다. 다음 주에 연락하고 찾아갈 고객을 미리 확인하고 준비하는 거다. 이 간단한 준비가 다음 주에 '굶느냐, 먹느냐', '고객을 만나느냐, 사무실에서 멍 때리냐'의 분명한 차이를 만든다.

준비를 위한 실천 전술 예시

스케쥴 관리(PC/Smartphone): MS Outlook 또는 Google Calendar, Smartphone app., etc.

Daily

AM 5:00	기상	Smartphone alarm으로 시작
AM 8:00	오늘의 준비	To-do-list, Schedule 점검/확인
	이메일 정리	전날/저녁/밤 미확인 이메일 정리/회신
	이메일 송부	그날 필요한 이메일 송부
	업무/미팅 준비	업무 진행이 필요할 경우, 업무 체크리스트 확인 미팅의 경우, 미팅 어젠다 정리

Weekly

AM 9 : 30 (금요일)	다음 주 미팅 일정 선점	금주에 계획했으나 못 만난 곳 또는 미팅이 필요한 곳에 미팅 일정 요청/확인
PM 8 : 00 (일요일)	지난 주 일정 Review	어느 분야 업무/미팅이 많았는지, 부족한 부분이 어느 쪽이 있는지 확인
	금주 일정 재정리	지난 주 미진한 부분 보완, 금주 일정 확인, 정해지지 않은 빈 일정에 잠정/예상 일정으로 Update(별도/색깔 Label)

Monthly

AM 8:00 or PM 7 : 00 (매월 마지막 주 일요일)	지난 달 일정 Review	어느 분야 업무/미팅이 많았는지, 부족한 부분이 어느 쪽이 있는지 확인
	금월 일정 재정리	지난 주 미진한 부분 보완, 금월 일정 확인, 정해지지 않은 빈 일정에 잠정/예상 일정으로 Update(별도/색깔 Label)

Quarterly

AM 9 : 00 or PM 6 : 00 (매 3개월 마지막 주일요일)	지난 분기(3개월) 일정 Review	어느 분야 업무/미팅이 많았는지, 분기 전략/일정 성취 정도 확인, 부족한 부분이 어느 쪽이 있는지 확인
	금 분기 일정 재정리	지난 분기 미진한 부분 보완, 금 분기 전략/일정 확인, 정해지지 않은 빈 일정에 잠정/예상 일정으로 표기(별도/색깔 Label)

Yearly

AM 9:00 or PM 6:00 (한해 마지막 전 주 일요일)	지난 해 일정 전체 Review	어느 분야 업무/미팅이 많았는지, 한해 전략/일정 성취 정도 확인, 부족한 부분이 어느 쪽이 있는지 확인
	차기 년도 전략/일정 수립	한해 미진한 부분 보완, 차기 연도 전략/일정 확인, 정해지지 않은 빈 일정에 잠정/예상 일정으로 표기(별도/색깔 Label)

Cloud service를 통한 Smart working

혹시 회사에 가지 않고도, 노트북이 없어도, 주말에 집에서나 밖에서 업무가 가능하신 분?

스마트 워킹을 상당 부분을 실현하고 있는 분이다. 미래를 준비하는데 특별한 장소가 필요하지 않다. 아직 기술적으로 완벽하게 모든 것이 호환되고 편리하게 갖춰진 것은 아니지만, 예전에 생각했던 '무조건' '출근해서' '사무실에서만' 일하는 시대는 지났다. 노트북과 스마트폰만 있으면 이제 웬만한 사무실 부럽지 않게 업무가 가능한 시대가 되었다. 중요 자료는 구름 위에Cloud service 올려 놓고, 집에 가서, 커피 전문점에서, 동일한 수준의 업무가 가능해 졌다. 나도 집에서 업무를 하다 노트북에 배터리가 다 돼서, 어떻게 할까 막막해 했던 적이 있다. 그런데 이제 그럴 필요가 없어 졌다

보관이 염려된다? 개인 PC보다 웬만한 조직보다 Cloud service의 보안이 훨씬 강력하다. Microsoft, Google, Apple, LGU+, KT, SKT, Naver 등 Cloud service를 거의 무료로 제공하는 곳은 많다. 그 중 내게 잘 맞는 곳을 선택하면 된다. 나는 그 중 MS의 Onedrive를 주로 사용하고 있다.

Cloud service에 접속계정이 없다면 물론, 계정 생성 정도의 수고는 필요하다.해서 내가 올려둔 파일들을 밖에서든 집에서든 확인한다. 이 파일들을 어디서든 열어보고 생각나는 아이디어들을 업데이트하고 정리한다.

나의 업무처리는 다른 사람보다 빠르다. 정보의 확인도 빠르다. 만약 내가 지난 주 업데이트 해둔 프로젝트 정보에 대한 확인이 필요하다면? 지하철을 타고 가다가, 아차 싶은 '중요하고 급한' 업무 처

리는? 노트북 또는 스마트폰에서 바로 처리한다. 이제 나의 준비는 갈수록 완벽해진다.

어디서든 가능한 준비! 앞선 준비의 시간! 남들보다 빠른 세일즈 스피드!

'한국 지형에 강하다'는 카피로 유명한 애니콜이라는 휴대폰이 있었다. 지금의 삼성 갤럭시를 가능하게 해준 효자 휴대폰이다. 애니콜은 '언제 어디서나 잘 터진다'는 이미지로 휴대폰 제조 후진국의 후발기업이 한국에서 최초로 모토로라의 아성을 넘게 해줬다.

여러분도 언제 어디서나 빠르고 강한 사람이 될 수 있다. 그 준비는 이미 여러분의 Smart한 손바닥 위에 있다.

남보다 앞서, Smart하게, 속도감 있게 세일즈하자.

제1막 1장 소통의 시작

김보수 계장은 오전에 서버 장애가 나서, 한참 바빴다. 전화벨이 울리고, 김계장이 전화를 받는다.

"여보세요. 정보통신팀 김보수임다." [헐떡 헐떡]

"네, 저는 초대박실업의 우직한 대리라고 합니다."

"네? 누구요?" [아직도 헐떡 헐떡]

"네, 초대박실업 우직한이라고 합니다."

"그런데요?

"아, 네. 그럼 혹시 이메일 주소 알려주시면 저희 회사소개와 다음 달에 있을 온라인 세미나 소개메일 보내드리겠습니다."

"됐어요. 그럼 메일로 보내주던지."

"그럼, 다음 달 초에 다시 한 번 연락 드리겠습니다."

"계장님, 지난 5월 초 수요일에 연락 드렸던 초대박실업 우직한입니다. 오늘은 어떠세요? 3분 정도 말씀 나눌 시간 괜찮으세요?"

"3분요? 얘기해 보세요."

"지난 번 보내드린 메일 받으셨어요?"

"네."

"세미나 아직 등록 전이신 것 같던데요. 많이 바쁘셨나요? 이번 세미나 참여하시면 경품도 드리고 좋은 정보도 얻으실 수 있을 텐데요. 혹시 사내에서 관리하시는 PC가 몇 대 정도 되시나요?"

"메일 한 번 다시 보내봐요. 그리고 참, 다음 주까지 좀 많이 바쁘니까 나중에 좀 한가해지면 한 번 와요. PC는 한 500대 되요."

"아, 네. 그 많은 PC를 관리하시려면 엄청 바쁘시겠네요. 말씀 감사 드리고, 3째주 경에 연락 다시 드리고, 일정 다시 여쭙겠습니다."

"네네~"

우직한 대리는 초대박실업 입사 4년차 대리다. 영업에 잔뼈가 굵어가고 있다고 나름 '업'되어 있다. 대기업과 중견기업 담당이다. 올 초 조직변경으로 국민기업을 처음 연락했고, 오늘 김계장에게 두 번째 전화를 한 것이다.

고객과의 첫 전화 준비(Pre-call Preparation)

기본정보 조사

고객은 어떤 회사인가?국민기업은 공공기업으로, 기업자료 열람이 가능하다.

현재 벌어지고 있는 이벤트들, 이슈, 산업 경향과 발전 현황, 경제, 경쟁관계, 정부관계, 산업군의 도전과제들

고객의 사업은 현재 어떤가? 산업군의 고민은 뭐고 동향은 어느 쪽으로 가고 있는가?예. 최근에 신기술 개발로 주가가 상승했다. 유럽시장도 진출한다고 한다.

조직은 어떻게 구성되어 있는가?예. 4개 본부로 구성. 전산실은 경영지원본부에 예속되어 있다. 전산실장은 경원지원본부장의 영향을 받는 다는 얘기다. 프로젝트 진행 시 결재를 받을 때까지 시간 좀 걸릴 수 있다.

적어도 2가지 이상의 고통과 도전과제에 대한 질문을 준비한다.

인사전화 목적

나를 알리기. 인사.

확인: 급하게 필요한 정보, 제품 수요는 없는지?

사전준비 Checklist: 간결한 소개 문구, 질문 리스트, 제안, 다음 단계

아래는 보통의 경우 평균치다. 다시 상기해 보자.

1막 1장에서 결말이 나올 확률? 거의 제로 0%

1막 1장에서 영업 기회를 발견할 확률? 1%

1막 1장에서 관심 고객을 발견할 확률? 10%

1막 2장, 3장을 거쳐가면서 고객과 좀 더 심도 있게 만나는 거다.

B2B 세일즈. 열심히 하는 것도 기본으로 요구되지만, 호흡 조절이 매우 중요하다.

어카운트, 어떻게 고르지?

바다는 지구 표면의 약 4분의 3을 차지한다. 그 바다에는 물고기가 얼마나 있을까? 정확히 아는 사람은 지구 상에 없다고 한다. 다음은 권기균한국과학창의재단 이사 이사가 전한 이야기중앙선데이 제220호다.

"요즘도 5년마다 전 세계 학자들은 한 배를 타고 1년 간 세계일주를 하며 바다의 어종들을 조사한다. 놀라운 것은 그때마다 약 1,000여 종의 새로운 어종이 잡힌다는 사실이다. 그래서 바다는 여전히 미지의 세계다."

나는 생각했다. 세일즈의 바다는 얼마나 넓을까? 그 고객들을 다 잡을 수 있을까? 게다가 날마다 새로운 고객이 탄생한다. '나는 가수다' 프로그램이 있기 전, 그 음원들은 존재하지 않았고, 고객도 없었고, 시장도 없었다. 이처럼 언제 어디서 얼만큼의 새로운 시장이 만들어 질 지 알 수 없다. 미지의 고객 수 만큼이나 고객의 종류도 매우 다양하다.

세일즈 컨설턴트이자 성공학의 대가로 유명한 지그 지글러가 '클로징'이라는 책에서 한 고객의 다양성에 대해 이렇게 얘기했다.

"열광하는 고객, 무반응 고객, 잘 믿는 고객, 회의적인 고객, 개방적 고객, 독선적인 고객, 추진력 있는 고객, 우유부단한 고객, 신뢰가 가는 고객, 말 바꾸는 고객, 겸손한 고객, 잘난 척 하는 고객, 통 큰 고객, 쩨쩨한 고객, 낙천적인 고객, 비관적인 고객, 긍정적인 고객, 비판적인 고객 등 수도 없다."

이 분류는 우리가 전통적인 방식으로 적용하는 B2C적인 '사람의 유형'에 의한 분류다.

우리나라의 법인 수는 54만 개2014년 통계청 기준가 넘고, 미국은 2천 5백만 개가 넘는다고 한다. 그리고 우리나라에서 매월 약 4,000~7,000개중소기업청 자료 참조의 신설 법인이 새로이 태어난다고 한다. 우리가 흔히 얘기하는 대기업의 수는 몇이나 될까? 2013년 기준으로 대기업 집단으로 분류된 66개 그룹에 속한 기업 수가 자그마치 2,323개다. 이제 우리는 B2B에서 갈 곳은 많고 어디로 가야 할 지가 매우 큰 과제임을 좀 더 알게 됐다.

내가 가야 할 시장은 어디며 고객은 누구인가? 모든 고객을 내 고객으로 만들고 싶지만 그러기엔 현실의 제약이 많다. 하루에 만날 수 있는 고객도, 다른 행정 업무들을 하지 않고 같은 지역으로 묶어

간다 해도 6곳 정도가 전부이며 미팅의 효율성을 따지고 나면 그마저도 공상의 수준밖에 되지 않는다. 모든 고객을 다 접촉할 수도 없고, 똑같이 대할 수도 없다. 어카운트의 기본 정보라도 파악하면 어느 곳을 먼저 갈지를 정할 수 있을 텐데, 과연 그 정보를 어떻게 구할 수 있을까?

어카운트 프로파일링을 하기 전에 기본 정보를 어떻게 알 수 있을까?

기본 정보를 알아 보거나 구매하는 방법에 대해서는 인터넷을 검색하면 많은 자료를 얻을 수 있다. 코참KORCHAM, 매경, NICE 등 우리나라의 기관/기업 관련 정보를 수집해서 판매하는 곳도 여러 곳이다. 그 중에서도 좀 더 세분화된예, 산업군별/종업원 규모별/지역별 등 기준에 따라 DB를 제공하는 곳도 있다. 물론, 합법적인 방법으로.

자, 내 앞에 종업원 수 기준 1,000대 기업 리스트가 펼쳐져 있다. 뭐부터 어떻게 해야 할까?

'어카운트 프로파일링'이라는 것을 통해 번호를 매긴다.
"자, 조사 들어갑니다." 그 다음은?
"줄 서세요!" 고객은 모르는 나만의 줄세우기를 할 수 있다.

어카운트의 프로파일을 위해서는 해당 업무담당자까지 연결을 해야 한다. 업무담당자까지 연결이 잘 되지 않아서 낙심하는 경우가 많은가? 연결 시도의 절반도 성공이 안 되지 않는가? 만약 첫 시도에 50% 성공이라면 엄청나게 높은 숫자다. 보통 평균 연결성공률은 약 30~35%이다. 그것도 낮은 비율은 결코 아니다.

"총무 담당 바꿔주세요." 순순히 바꿔줄까? 아니다. 문지기가 버티고 있다.

"왜 그러시는데요?"

"환경과 관련한 중요한 정보를 공유하려고 합니다."

"저한테 보내주세요. 제가 전해 드릴게요." 어쩌지? 진짜 전해줄까?

"이 문서는 담당자에게 직접 전해 드려야 하는 중요 정보입니다. 혹시 총무담당분 연락처가 어떻게 되시나요?" 그래도 또 다른 거부의 표시가 당신 앞을 막고 서 있을 것이다. 이 뒤로도 난관은 있겠지만, 이에 대해 여러 페이지에 걸쳐서 얘기할 예정이니 걱정할 필요는 없다.

일단, 담당자와 연결되는 과정에서 어카운트의 분류방법을 살펴보자.

어카운트 1차 분류(A/B/C) – 담당자 연결까지

A	담당자와 성공적인 연결, 계속 터치를 이어갈 어카운트
B	담당자 연결/연결 안됨, 다음에 연락 다시 하기로
C	담당자 연결 안됨, 접촉의 완강한 거부

A어카운트의 2차 분류(Tier1/2/3) – 어카운트 세일즈맨의 판단력 중요

❶ 구매력(상/중/하)

매출규모/종업원수/PC수/지점수

매출규모	100억 원 이하(하)	100~1,000억 원(중)	1,000억 원 이상(상)
종업원수	100명 이하(하)	100~300명(중)	300명 이상(상)

PC수/지점수도 같은 방식으로

❷ 당사친밀도(상/중/하)

상	우리를 좋아해. 전화하거나 방문하면 반갑게 맞아줌. 현황이나 관심도에 대한 얘기 잘해줌. ['그러나, 생각해 보기': 왜 좋아하지? 정말 좋아하나? 예의상 해주는 것인가?]
중	입을 닫고 얘길 안 해. 썰렁. 싫어하지도, 좋아하지도 않아 보임. 제일 답답한 유형이며 얘기가 진전되지 않음. ['그러나, 생각해 보기': 왜 말을 안 하지? 오늘 기분이 안 좋은가? 내 질문이 너무 개괄적인가?]
하	우리를 싫어해. 오지도 전화하지도 말라고 한다. ['그러나, 생각해 보기': 왜 싫어하지? 정말 싫어하나?]

❸ 잠재기회(가능성 유/무)

당장에 돈은 없다. 하지만. 산업계가 뜨고 있다.

영업기회가 있다. 정부 정책에 따라 수요가 따를 수 있다.

이름	직급	직책	부서	회사	주소	시/군	도/시	우편번호	Email	사무실	휴대폰	팩스
공공고	주임	자산관리	기획실	청와대	서울 종로구 청와대로 1 대통령실				kongkongko@cwd.go.kr	026001000		
우수한	사무관	팀장	구매팀	국세청	서울 종로구 종로5길 86				woosoohan@nts.go.kr	025001000	01088881000	
김하청	대리	유지보수	전산기술팀	농협	서울 중구 새문안길 91번지				kimhacheong@nonghyub.com			254001000

이름	직급	직책	부서	회사	종업원수	산업군	매출(억)	일정	예산(억)	결재권	지사	친밀도	세일즈등급
공공고	주임	자산관리	기획실	청와대	300	서비스	200			팀장	2	안티	2
우수한	사무관	팀장	구매팀	국세청	100	공공	50			팀장	1	중립	3
김하청	대리	유지보수	전산기술팀	농협	500	금융	1000	2011/12	2	본부장	20	우호	1

이름	직급	직책	부서	회사	Sales date	Sales log
공공고	주임	자산관리	기획실	청와대	2014.9.12	이메일 수신 및 확인여부 확인. 알아서 한다고 비호지만, 프로젝트 여지있음. 10월 2주 연락
우수한	사무관	팀장	구매팀	국세청	2014.9.20	처음 인사. 별관심없음. 연락하지 말라고 함.
김하청	대리	유지보수	전산기술팀	농협	2014.10.30	지난 방문 후 follow up. 서버사고 터져서 정신없음. 다음 주 바로 연락

✓ Tier 1: 구매력 상, 친밀도 상, 가능성 있음

✓ Tier 2: 구매력 중, 친밀도 중, 가능성 있음

✓ Tier 3: 구매력 하, 친밀도 하, 가능성 없음 → 정리 대상

위에서 살펴본 분류방법은 매우 일반적이면서도 간결한 분류법 중의 하나다. 이 방법에 따라 어카운트의 1차 분류를 하고, 심화하는 것도 방법일 수 있다. 여러분 만의 좋은 분류법이 있다면 그에 따라도 좋다. 중요한 것은 지속적으로 관리 가능한 형태와 프로세스를 만드는 것이다. 우리 조직의 또는 나만의 것들을 말이다. B2B는 단 번에 끝나지 않는다.

적정 account 수, 세일즈 전술

내가 담당하는 어카운트는 몇 개 정도로 하는 게 적정할 것인가? 아래 표를 보고 참조하자.

세일즈어카운트 (Top 500 DB)	S전자	S가스	D제조	K건설	H해운	합계
관련예산규모(가정) [단위: 억 원]	50	20	10	5	1	86
고객등급	1	2	2	3	3	11
방문(필드세일즈)/분기	6	2	2	1	1	12
전화(인사이드세일즈)/분기	9	3	3	1	1	17

내 세일즈 목표가 20억 원이고, 영업기회 클로징 비율이 30% 정도 된다면, 위 표 상의 5개로 충분할 수 있다. 그러나, 삼성전자 한 곳에서만 실패해도 전체 목표를 달성할 확률은 매우 낮아지게 된다. 그렇기에 어카운트 수를 늘리는 게 좋다.

상기 5개 어카운트로 가져갈 경우, 업무 생산성으로 놓고 보면, 분기에 2달 이상은 노는 거다. 방문이 분기 12번, 전화 터치도 17번이라면 2주면 충분하다. 관리자 입장에서 보자면 담당 어카운트를 늘리고 매출 목표도 적정하게 조정하는 것이 맞다. 내가 회사의 비즈니스도 챙기면서 세일즈도 하는 세일즈맨(대표)이라면, 나의 생산성도 한 번 분석해 보는 참조자료로 삼아도 되겠다.

1분이면 얻을 수 있는 공감

고객과 만나기 전 또는 전화하기 전. '도대체 무슨 이야기를 해야 할까?' 고민이 될 것이다. 하지만, 고민할 필요 없다. 제일 쉬운 소재가 하나 있다. 홈페이지, 미디어 기사, 블로그, 트위터 등 요즘 인터넷 포털들은 서로 경쟁적으로 갖가지 정보를 퍼 나르기에 바쁘다. 그 중에서 내게 유용한 정보를 찾기란 그리 어려운 일이 아니다. 다른 사람에게는 쓸모 없을 만한 이야기기라도 내게는 유용할 수 있다. 이 유용한 정보는 담당자와 공감의 소재가 된다.

"LG유플러스 대전충청지역에 사업이 잘 되시나 봐요."

"네?"

"사원 대~모집을 한다고 공고가 올라 왔던데요. 하하."

"아, 그래요? 그런가 보네요. 허허."

'아싸~, 웃!었!다!'

고객을 만나기 전 또는 전화하기 전, 별로 어렵지 않지만 잊기 쉬운 것이 하나 있다. 의외로 많은 정보가 '인터넷'에 있다는 것. 그리고 그것은 나와 고객의 공감의 소재가 된 다는 것. 단 1분의 검색이면 가능하다.

물론 나조차도 가끔은 고객을 만나기 전에 정보의 바다에 들어가 보는 것을 잊곤 한다. 깜빡깜빡 하는 것이다. 습관이 몸에 밸 때 까지는 의식적으로 봐야 한다. 나도 우리 회사 직원들도 고객에게 콜을 하기 전에 홈페이지를 보려고 노력한다.

"아, 그거요? 하반기 정도에나 할 거에요. 사옥 이전하면서 전부요. 홈페이지에도 몇 달 전부터 미리 공고도 했잖아요?"

"네. 저도 봤는데요. 그럼 이거 저거 자료 수집하고 준비하시려면 바쁘시겠어요. 다음 달 쯤에는 업체들을 만나셔야 할 거고요. 그죠?"

1분이면 얻을 수 있는 공감의 소재가 '정보의 바다'에 널려 있다. 물어보지 않는다면? 고객은 얘기해 줄 이유가 없다. 고객에게 확인하지 않는다면? 만나고도 모를 수 있다. 고객은 이미 홈페이지에도 공고를 했기에 이미 다 알고 있을 거라고 생각한다. 물어보지 않으니 대답을 안 해줬을 수도 있고. 고객에게 서운해 할 필요 없다. 내가 찾아보지 않고, 또 물어보지 않은 것을 누굴 탓 하겠는가?

세일즈를 대하는 고객의 26가지 이유, Reason to A-Z

우리는 늘 '궁금해는' 한다.

기업/기관 고객들이 원하는 것은 도대체 뭐야?

뭘 해야 좋아할까?'

어떤 말을 건네는 것이 좋을까?

여러가지 물음표를 스스로 던져 보지만, "에라 모르겠다. 그걸 알면 내가 여기 있겠냐?" 하면서 '준비없이 그냥' 간다.

세일즈는 들이대고, 고객은 물러선다. '진정' 고객의 입장에서, '왜 그럴까?'를 생각해 본 적이 있는가? 다른 상황에서는 우리도 고객일 경우가 매우 많지만, 이상하게도 세일즈 모자를 쓰면 금새 잊어 버린다. 고객 관점에서 바라봐야 '고객이 대하는 실제 세일즈의 모습'을 제대로 볼 수 있다는 것을 말이다. 결국에 준비없이 고객 앞에 가서, 내 제품 얘기를 잔뜩 늘어놓고 오는 경우가 많다. 아직 고객 입장으로 '패러다임 쉬프트Paradigm Shift, 사고 틀의 변화/관점의 변화'가 되지 않은 것이다. 고객을 만나러 가면서도 관점이 고객에게 있지 않은 것이다.

고객 관점으로 사고 틀을 변화시켜 보자. 고객 입장에서는 세일즈를 대할 때 어떤 관점으로 대할 것인가? 이에 대한 이해를 돕기 위해 B2B 고객의 알파벳을 고안했다. 몇 차례의 강의를 통해 생각보다 쉽고 재미있게 다가가는 것을 느꼈다. 독자 여러분도 한 번 따라와 주시기를 부탁 드린다. A부터 시작해 보자.

고객의 입장에서!

Reason to A[A___해야 할 이유].

A에는 무엇이 들어가는 것이 좋을까? 떠올랐는가? 그렇다. Answer. 답할 이유. 답할 이유가 있어야 한다. 영업사원이 와서 뭔가를 알아내려고 물어보는데, 내고객가 답해야 할 이유가 무엇인가가 고객 입장에서는 중요한 것이다. 답할 이유가 없다면? 그저 나고객는 문을 안 열어 주면 된다. 간단하다. 세일즈 입장에서는 무지무지 답답하겠지만, 그야 영업사원의 몫인 거다. 나고객에게 와서 영업하려는 사람은 부지기수로 많기에, 아쉬울 거 없다. 고객에게 답할 이유가 있다면? 그때부터는 상황이 달라진다. '어라? 그렇지 않아도 필요한 거를 물어보네?' 그렇게 되면? 그렇다. 답을 할 것이다.

Q 유사 업종에 계시는 담당자 분들이 모형을 만드는 과정을 어떻게 개선하고 시간을 단축할 수 있을까 궁금해 하시던 데요. 김 과장님도 이 부분에 대해 늘 고민을 하고 계신가요?

A (어떻게 알았지? 요즘 그게 제일 이슈인데? 사장님 지시로 방안을 찾느라 고심 중에 있었는데…) 네, 고민이긴 하죠. 다들 그렇지 않을까 싶은데요?

A에 다른 단어가 들어갈 수 있을 것이다. 독자 여러분의 멋진 A를 만들어서 저에게 아이디어를 주셔도 좋다이메일 주소는 저자 소개에 있으니, 참조해 주시기 바란다. 좋은 생각은 나눌수록 더 좋다.

고객 관점으로 전환하고, 고객이 우리 세일즈를 대할 때 어떤 이유들로 인해 답하고 만나고 구매하게 되는지를 생각해 보자. '관점의 전환' 여행을 여러분과 함께 하고자 한다. 편안한 마음으로 A부터 Z까지의 여행을 떠나면서, 단어와 고객의 이유를 채워 보시기를 바란다책에 직접 연필로 써 보시기를 권한다.

이번에는 B. Reason to B[B___해야 할 이유]. 고객의 입장에서!

RTA	Reason to	Answer	_답_ 할 이유
RTB	Reason to	B	___ 할 이유
RTC	Reason to	C	___ 할 이유
RTD	Reason to	D	___ 할 이유
RTE	Reason to	E	___ 할 이유
RTF	Reason to	F	___ 할 이유
RTG	Reason to	G	___ 할 이유
RTH	Reason to	H	___ 할 이유
RTI	Reason to	I	___ 할 이유
RTJ	Reason to	J	___ 할 이유
RTK	Reason to	K	___ 할 이유
RTL	Reason to	L	___ 할 이유
RTM	Reason to	M	___ 할 이유

RTN	Reason to	N	___ 할 이유
RTO	Reason to	O	___ 할 이유
RTP	Reason to	P	___ 할 이유
RTQ	Reason to	Q	___ 할 이유
RTR	Reason to	R	___ 할 이유
RTS	Reason to	S	___ 할 이유
RTT	Reason to	T	___ 할 이유
RTU	Reason to	U	___ 할 이유
RTV	Reason to	V	___ 할 이유
RTW	Reason to	W	___ 할 이유
RTX	Reason to	X	___ 할 이유
RTY	Reason to	Y	___ 할 이유
RTZ	Reason to	Z	___ 할 이유

어떠셨는가? 생각보다 쉽지 않았을 거다. 금새 떠오르지 않는다. 나의 이유는 늘 당연했지만, 고객의 관점에서 이유들은 많이 생각해 보지 않았기 때문일 것이다.

아래에 '세일즈를 대하는 고객의 26가지 이유'를 그리 어렵지 않은 단어들로 구성했다. 세일즈 전개 과정을 담고 있으니, 순서 또한 참조해 보아도 좋겠다.

RTA	Reason to	Answer	(전화/질문에) 답할 이유
RTB	Reason to	Be(with)	(통화/미팅에) 함께 머물 이유
RTC	Reason to	Change	(제시하는 것으로) 바꿀(변화할) 이유
RTD	Reason to	Drill (down)	(메시지/자료/제안을) 더 들여 다 봐야할 이유
RTE	Reason to	Engage	(요청/행사/기회에) 관여할 이유
RTF	Reason to	Feel	(제시하는 것에 흥미를) 느낄 이유
RTG	Reason to	Go (with)	(권유하는 데로) 따를 이유
RTH	Reason to	Hold (on)	(요구대로 준비하도록) 기다려줄 이유
RTI	Reason to	Increase	(예상보다) 증가할 이유
RTJ	Reason to	Joke	(관계의 발전으로 함께) 농담을 주고 받을 이유

RTK	Reason to	Know	(좀 더 많은, 깊은 내용을) 알 이유
RTL	Reason to	Lead	(주요한 사안으로) 리드할 이유
RTM	Reason to	Meet (with)	(내/외부 주요한 인사들과) 미팅을 가질 이유
RTN	Reason to	Need	(제안한 사항들이 조직에 반드시) 필요한 이유
RTO	Reason to	Open	(제안 세일즈에 마음의 문을) 열 이유
RTP	Reason to	Pay (attention)	(제안한 주요 사항들에) 주의를 기울일 이유
RTQ	Reason to	Question	(중요한 사항들에 대해) 질문할 이유
RTR	Reason to	Report	(중요한 내용을) 상부 조직에 보고할 이유
RTS	Reason to	Sponsor	(제안사의) 스폰서가 되어줄 이유
RTT	Reason to	Test	(제안한 제품/솔루션을) 실험(테스트) 해 볼 이유
RTU	Reason to	Utilize	(실제 체험을 위해) 사용할 이유
RTV	Reason to	Vote(for)	(제안된 안을 위해) 표를 던질 이유
RTW	Reason to	Wow	(제품/솔루션에) 놀랄 이유
RTX	Reason to	eXceed	(기대치보다) 뛰어넘을 이유
RTY	Reason to	Yes	(계약에) 동의할 이유
RTZ	Reason to	Zing	(도입 후) 감동할 이유

자, 이제 고객을 위해 무엇을 준비할 지가 분명해 졌는가? 고객의 뜨거운 호응을 얻기 위해 우리가 무엇을 준비해야 하는지 생각했다면, 하나하나 준비하면 되겠다.

짧은 시간 강한 인상 엘리베이터 피치

만약 여러분에게 딱 30초의 시간이 주어지고, 말할 수 있는 기회를 준다면 어떻게 하겠는가? 미국에서는 이를 Elevator Pitch(엘리베이터 피치)라고 부른다. 고객은 많은 시간을 기다려 주지 않는다. 짧은 시간에 흥미를 당겨야 한다. 아래 피치를 예시로 참조해 보시기 바란다.

Inside Sales Outsourcing을 처음 접하는 기업의 CEO에게

지금 사장님의 가장 큰 화두가 무엇입니까?
수익증대를 위한 확실한 대안 중 하나로 인사이드 세일즈를 제안 드립니다.
Cisco, IBM, Microsoft Korea 등에서 운영되고 있고, 전체 매출의 10% 이상이 이 곳에서 나오고 있고, 더 커질 전망입니다.
구매력은 있지만 아직 가지 못한 곳들이 주 목표입니다. 중대형 고객 바로 밑단, 종업원 수 기준 약 200~500명 사이 규모의 기업들이 대상이 됩니다. 이러한 대상기업이 500개가 있고, 그 곳에서 천 만원씩의 추가 매출을 올릴 수 있다고 가정해 보십시오.
몰라서 못 하고 있습니다. 경쟁사가 1억 원을 투자하여 10억 원의 추가 매출을 올린다고 생각해 보십시오. 그래도 안하시겠습니까?

여러분이 나보다 훨씬 더 나은 엘리베이터 피치를 할 수 있을 것이다. 장황한 얘기보다는 핵심을 찔러 메시지를 전달 할 수 있는 방법이 무엇인가를 진지하게 고민할 필요가 있다.

고객을 만나기 100M 전

여러분은 고객과의 미팅 전 어떻게 하는가? '일단 한 번 만나보지 뭐' 이렇게 생각하는 세일즈맨들을 의외로 많이 접한다. 시험준비 안하고 시험 보는 거와 다를 게 별로 없는 거다. 만약 고객 콜 전에 준비할 것을 생각했다면, 이미 훌륭하다. 어떻게 준비 없이 좋은 성과를 기대할 수 있겠는가?

일본 제일부자 손정의는 빌게이츠와의 첫 인터뷰를 위해 동행하는 직원과 함께 치밀하게 질문리스트를 짜냈다.

> 미국 컴퓨터 업계의 미래에 대해, 일본에서 마이크로소프트와 아스키1970~80년대 일본 소프트웨어 전문업체가 서로 등을 돌리 것에 대해, 세밀한 질문들을 던졌다. 그리고 역사적인 악수를 나누게 된다 '일본의 제일부자 손정의' pp. 286~287 참조.

고객을 만나기 100M 전, 여러분의 손에는 적어도 아래 2가지가 있어야 한다.

1. 공감을 위한 준비, 어렵지 않다고 했다. 세일즈 대상은 어떤 회사인지, 최근 산업계의 동향은 어떤지, 상장은 되었는지, 최근 사업은 괜찮은지, 인터넷을 검색하고 홈페이지를 본다. 꼭! 꼭! 꼭! 기사나 최근 동향을 보면 얘기 거리가 생긴다. 당연한 거 아냐?라고 생각하시는 분들이 있을 거다. 그런데도 불구하고, 안 하는 분들 참 많다. 꼭! 보도록 한다.
2. 중요한 것! 어젠다Agenda: 대상자, 목적, 소재, 다음 스텝. 무슨 얘기할 건지 메모하라. 간과하기 쉽지만 실은 매우 요긴하게 쓰인다. 상대방과 얘기하다 보면 많은 것들을 얘기하다가 깜빡해서 중요한 것을 잊고 나오는 경우가 많다. 그럴 때, 이 어젠다 메모가 매우 중요하게 쓰인다. 말이 막히는 순간에도 길을 열어주기도 한다.

✓ 내가 누구와 만나고 또는 누구에게 전화를 하는지: 대상자
✓ 세일즈 콜/Meeting을 통해 얻고자 하는 바: 목적
✓ 무슨 얘기 나눌 건지: 소재소재를 간결히 나열해 본다.
✓ 이번 콜/Meeting 다음으로 계획하고 있는 스텝: 다음 스텝

질문 리스트

내가 콜에서 고객에게 질문할 리스트를 말한다. 어젠다 대로 진행이 되길 원한다면, 치밀한 질문리스트가 준비되어야 한다.

예상 태클 vs. 답변

고객은 '왜 전화하셨어요?' '그런데요?' '그걸 꼭 지금 얘기해야 하나요?' '너무 비싸요.' 등 많은 반대 포탄들을 들고 있다. 세일즈맨의 허점이 보이거나 듣기 싫을 때 하나씩 던진다. 거의 대부분은 상처를 입고, 나가떨어지고 만다.

고 객: 지난 주에 다른 회사 제안 받았어요. 3천 만원 내에서 다 해주겠다고 하던데요.

세일즈: 혹시 다른 제안도 받아 보시는 건 어떨까요? 저희 회사의 차별화된 제안을 5분 정도 들어봐 주실 수 있을까요?

고객의 구체적인 실제 의향, 차별화된 제안에 대한 관심을 확인해 보는 거다.

세일즈 어젠다

제일 중요한 것이다. 반드시 손으로 종이에 쓴다. 머리 속에 들어 있거나, PC에 입력했을 때 보다, 훨씬 현실감 있는 준비가 가능해 질 것이다.

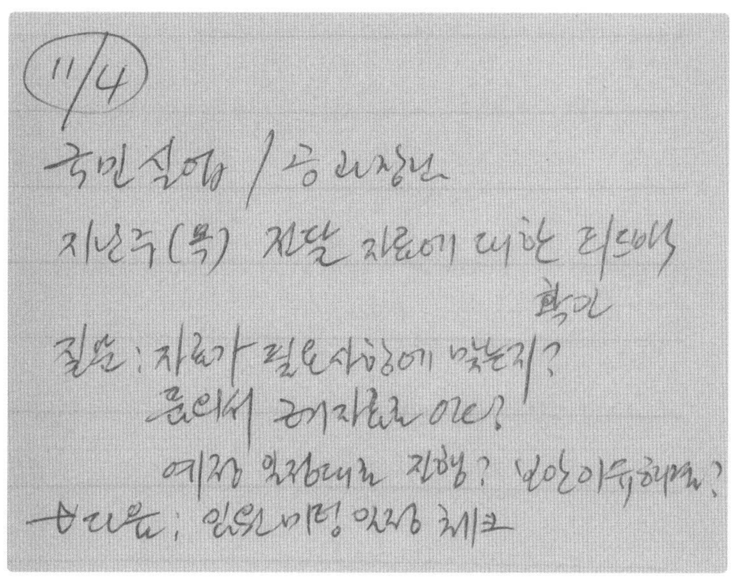

이 메모의 중요성과 기막힌 효과에 대해 한 번 더 강조해보겠다. '메모의 기술Ⅱ'최효찬 저에 이런 이야기pp. 4~5가 나온다.

"메모 광들은 공통적으로 메모를 통해 자신감을 얻었다고 말한다. 메모를 통해 자신의 결점을 보완하고, 자신의 부족함을 돌아보며 단점을 장점으로 바꾸면서 누구에게도 뒤지지 않게 되었다는 의미다. 그들은 "목표를 세우고 꼼꼼하게 메모를 하며 한 단계씩 목표에 접근하자, 차츰 변화하는 자신을 발견할 수 있었고 '나는 할 수 있다'는 자신감도 생겼다"고 말한다. (… 중략)
메모는 특별한 사람만이 하는 것은 아니다. 남녀노소를 불문하고 누구나 할 수 있으며, 자신의 분야에서 한 단계 발전하기 위해서는 반드시 해야 하는 것이다. 이 책에 소개된 사람들 역시 처음에는 '과연 내가 잘할 수 있을까'하며 걱정했지만, 메모를 통해 자신감을 얻고 각 분야에서 성공할 수 있었던 것이다."

자, 어렵지 않다. 어젠다 메모! 지금부터 시작이다.

약속 시간 10분 전에 도착, 화장실로 간다

그 곳에서 옷 매무새, 눈곱, 코털, 치아 사이, 입 냄새, 땀 냄새를 체크 한다. 만약, 화장실에서 누군가와 마주친다면 그냥 가벼운 목례를 나눈다. 그 사람을 실제로 미팅에서 만날 수도 있다. 그럼, 분위기는 훨씬 부드러워질 것이다. 만남에서 첫 인상은 그 미팅 성공 여부의 70% 이상을 결정 짓는다.

"고객을 만나 얘길 나누는데 계속 코를 보더라고. 이상해서 살짝 코를 만졌더니, '코털'이 유난히 삐져 나왔네? 미팅하는 내내 신경이 쓰여서 얘길 제대로 할 수가 없었지. 조금만 더 일찍 도착했더라면.

그래서 화장실이라도 가서 확인을 했더라면 좀 좋았을까. 그랬으면 어떻게 긴급 조치라도 했을 텐데 말이야…. 결국 그 미팅 결과는 별로 좋지 않았어."

지인 중 영업 임원으로 있는 분이 해준 얘기다.

"자, 이제 고객에게 질문을 날리자.
'다른 회사의 제안이 마음에 드셨나요?' '어떤 점이 마음에 드셨는지요?' '가격이 싸다는 점 말고 맘에 드신 부분이 있나요?' 명심할 것. 세일즈에서 저지르는 매우 큰 실수 중의 하나는 고객에게 물어보지 않아서 얻어내지 못한 정보나 성사 시키지 못한 계약이 많다는 것!"
지그 지글러 '클로징' 참조

브로슈어 얼마나 도움이 될까?

'브로슈어, 첫 만남에 들고 가야 하나? 바로 줘야 하나, 나중에 줘야 하나?'

B2B 세일즈를 하는 분이라면, 이런 궁금증을 가져봤을 것이다. 나도 그랬다. 그런데, 이에 대한 답은 '처음 미팅자리에 가지고 가는 브로슈어는 오히려 도움이 안 될 수 있다.'이다. 고객이 먼저 가지고 와 달라고 했다면 나중에 보시라고 권하고, 우선 방문의 기본적인 목적과 내용에 대해 얘기하는 것이 좋다. 그런 다음 미팅을 마치면서 드리고 나와도 된다. 아래에 아주 적절한 설명고품격 세일즈, pp. 87~88이 있다.

"당신 회사의 브로슈어가 아무리 멋지고 고급스러울지라도 고객을 만나러 가는 자리에는 그것을 가지고 가지 마라. 고객들은 고급스럽든 싸구려든 모든 회사의 브로슈어를 비슷비슷한 것으로 생각한다. 어떤 브로슈어든 간에 별 관심이 없다는 것이다. 대부분의 회사 브로슈어에는 뭔가 일을 하는 것처럼 보이는 전문직 종사자들의 사진이나 사무실 사진이 들어있다. 브로슈어에 쓰인 문구도 경쟁사들보다 훨씬 더 뛰어나다는 점을 강조하는 문구로 메워지게 된다. 이런 브로슈어가 당신의 목적을 대신 달성해줄 수 있다고 기대한다면 크게 잘못된 생각이다.

고객들은 브로슈어에 소개된 전문서비스 어쩌고 하는 말을 믿지 않는다. 그러므로 괜히 브로슈어를 보여줘서 고객의 주의를 딴 데로 돌릴 여지를 주지 마라. 고객에게 브로슈어를 주면 고객은 그것을 읽기 시작할 것이고 거기 실린 내용에 대해 질문을 하기 시작할 것이다. 그렇게 되면 상담의 주도권은 고객에게 넘어가 버린다. 그러니 제발 브로슈어 같은 것은 사무실에 그대로 버려두고 나가라.

브로슈어의 용도는 따로 있다. 고객과 상담을 하고 난 후 개인적인 감사의 편지를 보낼 때 동봉하여 보내는 것이다. 그것은 고객에게 당신의 존재를 다시 한 번 노출시키는 것이니까 말이다."

계란을 한 바구니에 담지 마라

2010년 9월, 호주 시드니의 하늘은 맑고 푸르렀다. 이제 막 봄이 시작된 호주의 자연은 너무 아름다웠다. 내가 묵고 있던 호텔에서 10M쯤 옆에 있는 작은 공원의 벤치에 앉은 사람들의 모습이 그리 멋있을 수가 없었다. 바람은 상쾌하고, 시드니 앞바다의 바다내음도 상큼했다. 이 모든 아름다움이 내게 독이 든 사과가 될 거란 걸 그 때는 미처 알지 못했다.

세계 굴지 기업의 호주 채널 파트너 개발 프로젝트는 내가 2010년 초 3월부터 매우 공들여서 작업한 건이었다. 세계 굴지 기업의 해외 프로젝트 이기에 의미도 매우 컸다. 성사만 된다면 그 이후로 모든 것이 다 될 것 같은 건이었다. 이 1건에 거의 목숨을 걸었다. 그리고, 수주했다.

내가 다니던 마켓스타MarketStar 본사에서도 축하인사가 쏟아 졌다. 진입이 매우 어려운 고객이었기에 그 의미도 상당히 컸다. 그 뒤로도 더 매달렸다. 그러나 그 해 12월 말에 나는 모든 것을 버려야 했다. 12월 초 그 고객은 긴축 예산과 사업성 결여를 이유로 프로젝트를 더 이상 진행하지 않기로 결정을 내렸다. 별별 방법을 다 동원해 봤지만 결국 실패했다.

내가 가진 모든 계란을 한 바구니에 담은 결과는 매우 참혹했다. 다른 대안이 없었기에 본사에서 불어오는 후폭풍을 온 몸으로 다 맞아야 했다. 결국 2011년 1월 한국 지사 폐쇄 결정이 내려졌고, 나는 가장 추운 연말 연시를 보내야 했다

나는 그 전에도 여러 경험을 바탕으로 파이프라인 관리를 해야 한다는 것을 배웠고, 또한 알고 있었음에도 '하나를 제대로 하자'는 만

만치 않은 내면의 외침에 쏠렸다. 이 건 하나만 잘 되면 매출 목표 달성, 보너스, 조직 내의 인정 등 얻을 수 있는 것이 너무나 많으니 그 '외침'을 외면할 수는 없었다 하지만, 냉정한 판단을 하지 못하고 기본적인 부분을 망각한 결과는 처참했다.

수주할 가능성은 어느 정도인지? 이 건을 잃었을 때 대체할 대안들이 있는지? 한 치 앞을 모르는 게 사람 일이듯 프로젝트 자체가 취소되거나 혹은 아주 먼 시점으로 연기될 가능성은 어느 정도인지, 이 프로젝트의 우선 순위는 높은지? 등을 꼼꼼히 체크하고 비교하며 살펴 봤어야 했다.

10곳에 세일즈 접근을 했다면 그 중 내게 관심을 보일 확률은 얼마나 될까? 보통 1곳 정도다. 그 1곳에서 내게 구매할 확률은? 대략 30%이다. 관심을 보인 곳 3곳이 있다면 그 중에서 1곳 만이 나의 고객이 될 것이란 얘기다. 또한 10곳 중 9곳에서 관심을 가지지 않는다고 실망할 필요 없다. 30곳에 '들이댔는데' 29곳에서 사지 않는다고 화낼 이유도 없다.

세일즈 성공 확률은 3% 정도다.

지금 내 손에 들린 영업 건이 큰 건 하나 밖에 없다면, 하루라도 빨리 영업 기회들을 개발해야 한다. 필요하다면 더 뛰어야 한다. 작은 건을 10건 이상 –적어도 3건 이상– 만들 때까지 발 빠르게 뛰어야 한다. 그렇지 않으면 이후의 재앙이 너무 크다. 설사 큰 건을 수주한다 해도 1년 뒤에, 조직이나 나의 체력은 나아지질 않는다. 정식 종목에는 있지도 않은 자칭 '50M 단거리 선수'의 저질 체력 그대로일 것이다.

내 손에 정제되고 업데이트된 어카운트 프로파일이 10개가 있다면, 보물을 손에 들고 있는 것과 다름 없음을 명심하자. 업데이트된 프로파일 정보가 없다면, 나와 솔루션을 알릴 만한 연락처에 이메일, 전화, 방문을 열심히 돌리자. 그리고 더 많은 어카운트를 확보하기 위해 뛰어야 한다. 우선 10개를 파이프라인으로 만들기 위해 뛰자. 그리고 10개 더, 그리고 20개 더. 이런 식으로 어카운트를 늘려 가자. 조금씩이지만 지속적으로 만들어 가면서 튼튼한 세일즈 파이프라인을 구축하자.

몇 년 전 만났던 B2B 서비스 회사의 영국인 세일즈 임원이 한 말이 지금도 뇌리에 남아 있다.

"15곳의 연락처를 확보해서 이메일로 내 제안서를 보냈지. 그리고 그 중의 1곳과 계약을 맺었어."

내가 그다지 좋아하는 인성을 갖춘 사람은 아니지만, 세일즈 방법론만큼은 존중할 만 했다. 나도 그가 흘린 얘기대로 했고, 효과를 경험했다. 여담으로, 그 사람은 내가 2010년 말 추운 겨울을 맞이하게 했던 마켓스타의 경쟁사 임원이었다.

주식 투자에도 금언이 있지 않은가? "한 주식에 모든 것을 걸지 마라." 알면서도 실천이 안 되지만, 그래도 반드시 지켜야 할 금과옥조와 같은 얘기다.

"절대! 절대! 절대! 계란을 한 바구니에 담지 마라."

2007년의 어느 날 싱가포르 시스코 회의실에서 분기 분석 마무리 시간에 미국인 임원이 내게 한 말이 아직도 생생히 들려 온다.

"Just, pick up the phone! Call your customer! That's the basic"[바로, 전화기를 드세요. 그리고 고객에게 전화하세요. 그게 기본이에요.]

자연의 섭리에서 나만은 예외일 것이라고? 절대 자만하지 마라.

경쟁력의 비결 - 시간의 비밀

"전무님은 어떤 식으로 경쟁력을 갖추시나요?"

다국적 IT기업의 고위 세일즈 매니저 한 분에게 개인적으로 했던 질문이다.

"순수하게 혼자 만의 시간을 가지세요. 저는 아침에 1시간 일찍 와서, 그 날 해야 할 이메일 업무의 대부분을 처리합니다. 업무 처리 속도도 매우 빠릅니다. 그리고 업무 시간에는 여유 있게 사람들과 만나고 관계를 챙기죠."

'1시간 일찍? 그럼, 최소한 1시간 일찍 일어나야 하네. 난 못해. 아침 일찍 일어나는 건 내가 세상에서 제일 싫어하는 거야.'라는 본능적 방어 시스템이 작동한다.

그런데 신기하게도 그 '1시간 일찍'이라는 것이 되었다. 안 되는 게 어디 있나? 단지 안 하는 것일 뿐이다.

영업실적도 계속 하락하고, 어려움이 아주 컸던 시기가 있었다. 직원들 중 몇 명에게는 강제 이별을 고해야 했다. 서바이벌 전투에서 살아남은 영업팀 모두 1시간 일찍 출근하도록 했다. 모두 입이 1미터씩은 나왔던 것 같다. 팀원들에게 1시간 일찍 나오라 하고는 나는 2시간 일찍 출근했다. '2시간 일찍 출근'을 약 2달 간 했다. 되더라. 다행히 그 이후 실적도 회복이 되었다.

그런데 그 후 잠시 마음을 풀었더니, 또 안 되더라. 경쟁력 있는 습관은 방심할 틈을 주지 않는다. 이 세일즈 책의 근간이 된 메모들도 그 2시간 속의 조각 시간들을 이용해 채운 것이다.

일본의 제일부자 손정의 소프트뱅크 회장은 미국 유학시절 '하루에 5분 동안만 일해서 한 달에 100만 엔 이상 버는 방법은 없을까' 고민했고, 친구들은 그의 생각이 어리석다며 코웃음을 쳤다. 손정의의 매일 5분은 후에 실제 사업으로 이어졌고, 성공했다.(일본의 제일부자 손정의, 이노우에 아쓰오 저, p.130 참조)

나는 지금도 메일 회신이 빠른 편이다. '적어도 10분 일찍, 1시간 일찍, 하루 일찍 답해주자'는 것이 메일 회신에 대한 나의 신념이다. 나도 누군가에게 메일을 보내고 나면 회신이 궁금하듯이 고객도 그럴 것이라고 생각하기 때문이다.

아마 독자 여러분도 한 번쯤 들어보거나 읽어 봤을 '아침형 인간(사이쇼 히로시 저)'에 시간의 경쟁력에 대한 이런 이야기(pp.107~108, 171~172)가 있다.

"남보다 앞선 사람은 반드시 이긴다"

"하루의 시작은 아침에 있다. 다른 사람보다 일찍 일어나서 하루를 시작하는 것은 단순히 건강을 위한 것만은 아니다." 도쿄의 초밥 체인인 츠키지다마 스시의 사장 나카노리 다카마사의 말이다. 그의 생활신조는 '선수필승(先手必勝: 남보다 앞서면 반드시 승리한다)'. 그런 나카노리도 원래 전형적인 야행성이었다.

···

"지금 생각하니, 그렇게 사람들과 술을 마시는 게 장사에도 도움이 되고, 원활한 커뮤니케이션에도 좋다는 식으로, 여러 가지 이유를 갖다 붙여서 2차, 3차까지 어울렸던 거 같아요. 그렇지만 술자리와 일은 별 상관없다는 것을 깨달았죠 …."

…

전자기기 임대 회사의 영업사원으로 일하고 있는 아이치 도시로는 매일 아침 4시에 기상하여 그 때부터 2시간 반 동안 책상에 앉아, 거래처를 돌면서 신규고객을 개척할 그 날의 계획과 전술을 정리한다. 덕분에 최근 5년간 항상 사내에서 넘버원의 영업 실적을 자랑하고 있다.

아이치는 여름에는 창문으로 쏟아져 들어오는 햇살로 자연적으로 깰 수 있게 커튼을 활짝 열어젖히고 잔다. 겨울에는 4백 와트의 형광등이 오전 4시에 자동으로 켜지도록 타이머를 맞춰놓고 나서 취침한다.

물론 반드시 아침에 일찍 일어나야 경쟁력이 생긴다는 것은 아니다. 하지만, 조금 더 경쟁력을 갖출 수 있는 시간을 가지게 되고, 확률이 높아진다는 것이다.

시인 류시화도 그의 시집에 이런 글을 올려 두었다.

일찍 일어나는 새

당신이 새라면
아침에 일찍 일어나야 한다.
그래야 벌레를 잡아먹을 수 있을 테니까.
만일 당신이 새라면
아침에 일찍 일어나라.
하지만 만일
당신이 벌레라면
아주 늦게 일어나야 하겠지.

– 쉘 실버스타인(류시화, '지금 알고 있는 걸 그때도 알았더라면', 66p)

팀웍이 만들어 낸 74 영업기회

이 많은 기업 중 …

수 많은 담당자 중 …

'우리의 제품이 우리의 솔루션이 필요한 기업은 어디일까? 담당자는 누구일까?'

'수 많은 기회를 놓치고 있는 것은 아닐까?'

여러분의 머리 속을 늘 짓누르는 질문이 아닐까 싶다. 더욱이 내부 영업인력이 부족한 상황에서는 잠재 관심고객만을 쏙쏙 골라내, 집중적인 영업을 펼치는 것이 중요하기에 간절한 화두다.

A사는 보안솔루션 회사다. 위와 똑같은 고민에 빠져 있었다. 자사 솔루션에 대한 니즈는 많이 있을 것이 분명한데, 어느 곳에 구체적인 수요가 있는지 알 수가 없었다. 기존 고객이 200곳이 넘었지만, 회사의

의미 있는 성장을 위해서는 고객의 확대가 절실했다. 그러던 중, 필자와 만나 잠재고객의 니즈를 확인하는 프로젝트에 돌입했다. 총 863개의 공공, 병원, 금융기관 DB를 활용하여 보안 솔루션 관련 담당자에 대한 정보와 관심도 정도를 체크하는 프로파일링(인사이드 세일즈 기법을 통해 고객사의 프로파일을 확인하는 과정)을 실시했다.

동시에 확실한 관심고객을 비롯한 잠재고객 발굴작업을 2개월간 진행했다. 각 분야별 질문 스크립트를 고객의 반응에 맞게 적용해 나가면서 성과를 개선해 나갔다. 이를 통해 총 465개의 확실한 담당자 정보와, 74개의 잠재기회를 쏙쏙 뽑아내게 되었다.

이 과정에서 가장 눈에 띄었던 점은 바로 인사이드 세일즈팀, 기술팀, 경영진의 팀웍이었다.

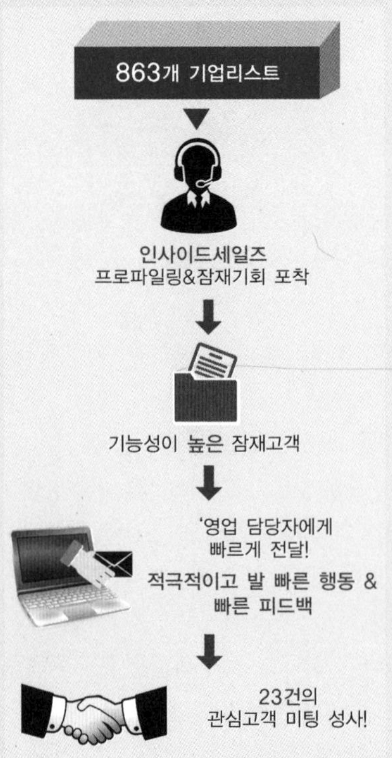
863개 기업리스트
인사이드세일즈
프로파일링&잠재기회 포착
기능성이 높은 잠재고객
'영업 담당자에게
빠르게 전달!
적극적이고 발 빠른 행동 &
빠른 피드백
23건의
관심고객 미팅 성사!

경영진의 깊은 관심과 함께 잠재기회들이 포착된 74건은 실시간으로 기술담당자에게 전달되었고, 'A'사 기술진의 전문적인 컨설팅을 통해 23건의 고객과의 컨퍼런스 콜 및 만남이 성사됐다. 기술진은 영업담당에 고객 컨설팅 과정의 피드백을 바로 전달함으로써, 해당 고객은 물론 다른 고객과의 영업 전개 시 즉시 참조하도록 했다. 어쩌면 놓치고 지나갔을 수도 있었던 소중한 잠재 영업기회를 영업담당과 기술진의 협업으로 '살아있는 영업기회'로 만들어 낸 것이다.

51건의
고민 중인 관심고객은
지속으로 관리

또한 51건의 관심고객 및 200곳에 이르는 잠재고객 또한 지속적인 관리를 통해, 진짜 영업기회로 만들어나가게 된다.

A사의 사례를 여러분도 잘 참조해본다면 어떨까?
우리도 될까?
게임의 법칙은 존재하고, 신기하게도 잘 맞는다.

잠재성이라는 것을 파헤쳐보자

세번째 단계 : 진단

예술작품과 그림업계에서는, 수집가가 전시작품을 구매하기까지 평균 14번의 세일즈 콜이 필요하다고 말한다. '콜 : 수주'의 비율이 '14 : 1'인 셈이다. 이런 것도 계산하나 싶지만, '나의 세일즈 사이클'을 이해하는데 도움이 된다. 세일즈는 전략을 수행하는 과정이다.

차갑고 불편한 거부의 5가지 진실

영미 문화권에서는 고객과 처음 나누는 세일즈 콜을 Cold Call 이라고 부른다. 고객의 반응이 대부분 차갑기 때문이다. 첫 세일즈 콜에서 고객이 나를 거부할 가능성은? 놀랍게도 90% 이상이다. 고객이 나를 따뜻한 마음으로 받아들일 확률이 10% 이하인 것이다'계란을 한 바구니에 담지 마라' 참조. 사실 세상에는 긍정보다 부정이 더 많다. 긍정이 많으면 그렇게도 많은 책과 강연에서 긍정적이 되자고 떠들지는 않을 것이다. '무엇을 해야 좋다'라고 많은 사람들이 떠들 때는 당장에 그것을 하기가 어렵기 때문이다.

우리는 고객의 거부나 냉대를 어쩌면 당연하게 생각해야 한다는 것이다. 많은 세일즈맨들이 고객의 냉대를 받으면 이런 생각을 많이 한다.

'내가 왜 이런 취급을 받으면서 일 해야 되지?'

하지만, 뛰어난 세일즈맨들은 이때 이렇게 생각한다고 한다.

'나를 싫어하는 이유가 뭘까?' '내가 뭐가 준비가 안 된 걸까?' '어차피 나도 처음, 저 사람도 처음인데 꼭 나라서 싫어한 건 아니잖아?' '부딪혀 보자'

그렇다. 고객은 나라서 거부했다기 보다, 그냥 거부한 거다. 모르는 사람이 전화한 것부터 싫으니까.

거부의 5가지 이유가 있다고 한다아래는 내가 몸 담았던 마켓스타의 세일즈 교육자료를 참조한 것이다.

1. 변화가 싫다. 위험을 안고 싶지 않다. 일단 뭔가 새로운 자극을 받으면 현재 익숙한 환경에서 변화해야 할 것 같다는 느낌에 본능적인 방어기제가 작동한다.
2. 몇몇 사람들은 습관적으로 거부한다. 거부가 몸에 배어 있다. '예스'라는 말을 하기 보다 '노'라는 답을 할 준비가 훨씬 잘 돼 있는 것이다.
3. 과거의 나쁜 기억이 영향을 미친다. 어떤 거부는 당신이 또는 당신 회사의 누군가가 저지른 잘못 때문에 일어난다. 나의 직접적인 잘못은 아니다. 하지만, 전에 누군가가 또는 내가 몸 담고 있는 회사에 대해 잘못된 인식이 박혀 있을 수 있다. 이 못을 빼내야 그 다음 진입이 가능한 것이다.
4. 필요Need를 못 느꼈기 때문이다. 지금은 필수품인 스마트폰이 이전에는 낯선 존재였던 것처럼 NEED는 숨어 있을 때가 더 많다. 세일즈의 정의 중 2번째 정의를 기억하는가? 고객이 '원

하면서도 원하는 지를 모르는 것'을 이뤄주는 것이다.

5 혹시 뭔가 불법적인 거 아닐까? 혹시 적법한 것은 맞는지, 괜히 확실하지 않은 거에 괜히 나를 노출시킨 것은 아닌지 걱정이 되는 것이다.

우리 회사의 베스트 세일즈맨 한 명은 고객에게 '들이대기'를 두려워하지 않는다.

"고객이 왜 그렇게 차가운지 다 알아요. 처음엔 다들 그러시죠. 하지만 좀 더 시간이 지나고 나서는 고객들이 먼저 제게 물어보세요. 그 다음은 어떻게 해야 되냐고."

63%의 영업이 5번의 거절 후에 이뤄지고, 75%의 세일즈맨이 첫 1번의 거절 후에 포기한다고 한다. 우리는 잊지 말아야 한다. 거부는 너무나 흔하고 때로는 너무나 당연한 것이다.

루즈벨트가 세일즈맨의 이미지에 대해서 이런 말을 했다고 한다. "이 세상 누구도 당신의 허락 없이 당신에게 열등감을 느끼게 할 수 없다."클로징, p.159

거부의 극복

매우 간단하다. 적어 보라. 어느 부분에서 주로 거부당하고 있는

지를, 그리고 주위에 아이디어나 의견을 물어 보라. “저는 한국기업의 이진국입니다.”라고 하는 순간 바로 거부 당한다면? 진입 ‘워드’부터 바꿔야 한다. “저는 한국기업 기업고객본부 이진국입니다.”라고 바꾸고 다시 시도. “아, 네. 저희가 이번에 신제품을 출 …”라고 하는 순간 바로 거부 당한다면? 고객이 관심을 가질 거라고 예상하는 것으로 바꿔야 한다. 참고로 신제품, 프로모션 얘기가 도입부분에 나오는 것은 좋지 않다. 처음 대하는 고객이라면 더더욱 피해야 한다.

“아, 네. 개인정보보안이 요즘에도 계속 뜨거운 이슈로 자리하고 있는데요. 네, 맞습니다. 어렵지만 중요한 얘기죠. 그에 대한 방안과 향후 전망을 담은 백서가 최근 프로스트 앤 설리번에서 발표됐습니다. 혹시 이 자료 받아보신 적 있으신가요? 아, 네. 그렇다면, 어디로 보내드릴까요? …”라고 진행이 된다면? 물론, 더 좋다. 고객이 궁금해할 만한 ‘꺼리’도 없이 내가 하고 싶은 얘기만 하고 있는 것은 아닌지 짚어 볼 수 있을 것이다.

내가 존경하는 세일즈 매니저 임원 분이 좋아하는 표현이 있다.

‘그럼에도 불구하고!’

거부에도 불구하고, 우리는 늘 고객 가까이에 있어야 한다. 경영혁명의 대가 톰 피터스는 이렇게 말한다경영혁명, 톰 피터스 저, p. 259 참조.

'영업 및 판매담당자는 최소한 자기 시간의 25%를 현장에서 보내야 하며, 50% 가량을 할애하면 더욱 바람직하다. 모두가 1년에 몇 번씩은 고객을 방문해야 한다. 60일을 단위로 새로운, 그리고 있는 그대로를 꾸밈없이 받아들이는 고객 청취 장치를 적어도 한 가지씩 첨가하라.'

이번 장의 가장 중요한 핵심은? 그렇다. '그럼에도 불구하고, 당당하게 들이대라'. 거부는 어찌 보면 당연한 것. 거부의 이유를 알고, 당당하게 들이대라.

철벽 수비를 허무는 자신감 있는 톤의 마법

"네, 문지공업입니다."

"네, 저는 국민실업의 이진국이라고 하는데요 …." [착하고 우직한 그러나 뭔가 확신이 없는 목소리]

"네? 누구시라고요?"

"네, 이진국이요 …."

"그러신데요?"

"혹시 … 정보통신과 담당자 분 연결이 … 가능할까요?"

"왜 통화하려고 하시는데요? 죄송하지만, 제가 임의로 연결을 해드릴 수가 없습니다."

"안 되나요?"

"네, 안 되요. 연결해드렸다가, 무슨 얘길 들을지 몰라요."

"아, 네. 알겠습니다."

"…"

이진국은 철벽수비에 막혀 무릎을 꿇었다. 문지기 여직원이 빗장을 걸고 문을 못 열어주겠다고 한다. 전화연결은 물론 전화번호도 못 따고 처참하게 실패!

"저는 한국실업의 기업고객본부 이진국 대리라고 합니다."

[자신감 가득, 뭔가 있어 보이는 목소리 톤]

"네, 무슨 일이신데요?"

"정보통신과의 시스템 관리자 분께 정보기술 세미나와 업계 동향을 나누기 위해 전화 드렸는데요."

"네?"

"시스템 관리자 분 연결 부탁드릴께요!"

"아, 네. …" [뭐야 이 사람?]

"혹시, 연결 중에 전화가 끊길 지도 모르니, 연락처와 존함을 얘기해 주시겠어요?" [혹시 연결 안 해주면 곤란한 내용 아닐까?]

"김보수 계장님이시고, 3456에 1472에요."

"네, 연결 부탁 드립니다. 감사합니다."

전화 거는 사람은 매우 전문가다운 느낌을 풍겨야 한다. 신뢰감을 줄 수 있게. 전화를 연결해 주지 않으면 오히려 곤란할 수 있을 거 같은 느낌이 들게. 자신감 넘치는 목소리와 어감에 철벽이 바로 무너진다. 문지기 그녀는 이 톤에 치명적으로 약해진다.

이 치명적인 톤으로 문턱을 낮추고, 문지기가 문을 활짝 열어 줄 명분을 주자.

문지기의 역할은 아무도 안 들여 보내는 게 아니라 '불필요한' 사람을 막는 것이다.

전화 통화는 첫 목소리 감도와 몇 마디 얘기에 80% 이상의 성공 여부가 달려 있다. 그 만큼 목소리의 톤이 중요하다는 얘기. 자신감이 충만한 목소리여야 한다. 듣는 사람은 단어나 문장보다 목소리의 톤을 듣는다.

80 대 20 또는 파레토 법칙이라는 유명한 법칙이 있다.

'전체 결과의 80%가 전체 원인의 20%에서 일어나는 현상'을 가리킨다.

20%의 고객이 백화점 전체 매출의 80%에 해당하는 만큼의 쇼핑을 한다.

20%의 세일즈맨이 회사 전체 매출의 80%의 만들어 낸다.

20%의 세일즈 방문콜이 80%의 성과를 낸다.

20%의 첫 인상이 80%의 이미지를 결정 짓는다.

20%의 첫 목소리 톤이 80%의 전체 콜의 전달력을 좌우한다.

고객도 모르는 내부함정

IT 업계의 세계적 거인 IBM의 전설적인 영업인 이야기다. 인도인 세일즈맨 '비벡 굽타'는 고객 지향적 스토리텔링에 천부적 재능을 지니고 있다고 한다. 통신사업 담당인 그가 인도의 한 통신회사 고객과 마주했다. 고객이 그에게 이렇게 말했다.

"현재 거래처에 완벽히 만족합니다."

이때 그는 낙담하지 않고 이렇게 생각했다고 한다. '어딘지 불만사항이 있을 거야….' 그리고 이렇게 부탁한다.

"한 번 현장을 보게만 해 줄 수 있나요?"

그렇게 그는 뭄바이 스위칭 센터를 직접 방문하게 된다. 그곳의 엔지니어와 일상적인 잡담 속에서 단서를 포착한다. "초단파 무선설비가 종종 말썽을 부립니다." 또 다른 엔지니어와 대화 속에서는 결정적 힌트를 얻게 된다. "매주 수 차례 네트워크가 다운되요."

그는 이 힌트를 놓치지 않고 주요 인사Key person 고객과 접촉할 기회를 만든다. 그리고 "초단파 무선설비에 문제점이 있다고 들었습니다. 저희 IBM이 저렴하게 해결해 드리겠습니다."라고 제안하였고 1년만에 1,000억 원이 넘는 계약으로 이어졌다고 한다. 역대 CEO 중 6명이 영업 출신이라고 하는 IBM의 세일즈맨답다.

고객도 모르는 '고객의 함정'이 있다. "지금 거래하는 곳 있어요."에도 굴하지 말고, "지금 쓰고 있는 제품에 만족하고 있어요."에도 그냥 물러서지 말고, "거래업체에서 잘 알아서 하고 있어요."에도 쉽게 낙담하지 말고, 고객에게 '과연 지금 제품이나 거래처에 완벽하게 만족해도 되는지?'라는 물음표를 달아주어야 한다.

김 부장님이 당신에게 "우리 최고기업과 거래하고 있는데요."라고 얘기하는가?

제프리 폭스• 가 말한다HOW TO BECOME A RAINMAKER, p. 55.

"네, 그 회사 좋은 곳입니다. 그런데 저희의 차별점에 대해 알고 싶지 않으신가요?"

• 제프리 폭스는 'HOW TO BECOME CEO'를 쓴 베스트셀링 작가이다. 록타이트 사의 마케팅 담당 부사장을 역임한 바 있고 현재 마케팅 컨설팅업체인 Fox & Co.의 대표이다. 참고 문헌인 'HOW TO BECOME A RAINMAKER'는 우리나라에 '레인메이커'로 번역(최영철 역) 출간됐다.

혹시 고객들에게 이미 알려진 우리 회사의 단점이 있는가? 마케팅의 영역에서 나온 이야기지만, 유명한 솔직성의 법칙마케팅 불변의 법칙, 알리스·잭 트라우트 저, pp. 145~148도 참고해 볼 만 하다.

자기 단점을 솔직하게 시인함으로써 고객들에게 긍정적인 인식을 심는 일이야 말로 고난이도의 기술이다.

"아비스는 렌터카 업계에서 2위를 차지하고 있을 뿐입니다." 그렇다면 그들을 이용할 이유가 무엇일까? 그들은 틀림없이 더 열심히 노력할 거야. 아비스가 렌터가 업계에서 2위라는 사실은 누구나 알고 있다. 그렇다면 그런 명백한 사실을 들먹이는 이유가 무엇일까? (… 중략)

그동안 긍정적 사고는 너무 과대평가되었다. 사회의 정보 전달 수단이 폭발적으로 증대함에 따라, 사람들은 자기에게 물건을 팔려고 하는 회사들에 대해 경계심을 갖고 방어적인 자세를 갖게 되었다. 극소수의 회사만이 문제점을 인정한다. ? (… 중략)

주의 사항 한 가지, 솔직성의 법칙은 조심스럽게 아주 기술적으로 사용해야 한다. 첫째, '부정적인' 것은 반드시 부정적인 것으로 널리 인식되고 있는 것이어야 한다. 그것이 잠재 고객의 기억 속에서 즉각적인 동감을 불러일으켜야 한다. 부정적인 면이 재빨리 들어오지 않을 경우, 잠재 고객은 혼란에 빠져 "대체 이게 무슨 얘기지?"하고 의아심을 품게 된다.

그런 다음 재빨리 긍정으로 돌아서야 한다. 솔직함의 목적은 사과하려는 데 있지 않다. 솔직함의 목적은 잠재 고객에게 확신시킬 수 있는 이득을 밝혀 두려는 것이다."

세박자 세일즈, 호흡 조절

이번 장의 주된 목적은 고객의 고통진단 과정을 이해하는 것이다. 고객에게 '당신의 고통을 진단해 줄 테니, 내게 다 얘기해 달라.'고 외치지만, 처음부터 터 놓고 얘기해 주는 사람은 없다. 몸이 아파 스스로 찾아 간 의사 앞에서도 처음부터 다 얘기 하지 않는 것과 같다.

'제1막 1장 소통의 시작'에서 초대박실업 우직한 대리의 얘기를 기억할 것이다. 외부로부터 처음 연락을 받을 때 누구나 거부감이 있다. '들이대기'가 주업인 영업맨들에게도 처음 마주치는 거부감은 넘기 힘든 파도처럼 느껴진다. 그래서, 첫 스텝에 모든 힘을 다 주게 되면 장애를 만났을 때 넘기가 힘들다. 거부를 예측하고, 2번 째 스텝을 준비한다면? 뒤이어 오게 될 '완화됐지만 여전히 존재할' 거부감도 예측하고, 3번 째 스텝을 준비한다면? 다음은 얼마 전 강의에서 공개한 세일즈 기법이다.

세박자 세일즈

첫 번째 스텝

고객과의 첫 콜. 이 콜에서는 기본적인 인사만 한다고 생각하자. 물론, '초대박실업 우직한 대리였습니다.'라고 하고 끝내라는 얘기가 아니다. 이미 예측된 반응들에 대해 마음가짐이 가벼워야 한다는 것이다. 진짜 중요한 만남들은 그 뒤에 기다리고 있기 때문이다. 첫 콜 전에 준비가 필요한 것들에 대해서는 이미 앞에서 얘기를 했다. 첫 스텝에서는 '누가 담당인지?', '연락처는 어떻게 되는지?', '준비한 정보를 이메일로 먼저 받아보시는 것은 어떤지?' 정도를 확인하도록 한다.

1st	전화	a. 어카운트 대표번호로 전화 → 담당자 연결
		b. 업무담당 확인: 이름/부서/직책/직급/전화/이메일 등
	eDM	c. 세미나 eDM 발신, 신규 서비스/프로모션, 기술동향 자료 공유

그런데, 고객이 '마침 전화 잘 했다. 우리가 이번에 준비하고 있던 게 있는데, 한 번 와 주세요.'라고 하는데도, '저는 이번에 계획되지 않아서요.'라고 하라는 것은 물론 아니다. 하지만, 호흡 조절은 꼭 필요하다. 고객이 나의 콜을 '덥석' 물었다고 하더라도, 그것의 진위 여

부에 대해서는 BANTC예산, 담당, 수요, 일정, 경쟁를 통해 차차 파악해 봐야 한다.

두 번째 스텝

첫 콜에서 "찾아 뵙겠습니다"라고 해도 '낮'을 가릴 확률이 매우 높다. 두 번째도 호흡 조절을 하며 가야 한다. 첫 단계와 다른 것이 있다면 좀 더 깊이 들어간다는 점이다.

"이메일로 보내 드렸던 자료 받아 보셨나요?"

"아뇨, 바빠서 잘은 못 봤네요."라고 답할 확률 90% 이상이지만.

"아, 네. 그런 분들 많으세요. 이러 이러한 내용이었는데요. 언론에도 보니, 요즘 사업 확장하시느라 많이 바쁘신 듯 해요. 하하. 업계에 계신 분들이 많은 관심을 보여주시는데요. 좀 더 알아보시는 것이 어떠세요?"라며, 여유 있게 들이대 본다. 고객의 현재 상황은 어떤지도 나눠보고, 소개하는 내용에 대한 관심은 어떠한지? 관심이 있다면, '왜 있는지?', '계획의 구체성'은 어느 정도인지를 '심화Drill-down' 해 보자.

2nd	전화/방문	a. eDM수신/검토/변화 여부 확인
		b. 어카운트 기본 프로파일(사업현황/종업원수/관련제품 구매/보유현황 등)
		c. 수요/잠재수요 확인(기본계획(수요)/관심 및 계획)/구매여부 파악 등)
		d. 구체적인 계획이 공유되고, 긴급상황의 경우: 직접방문 제안

세 번째 스텝

이제 중요한 세 번째 스텝으로 간다. 진짜 승부로 갈 것인지 아닌지에 대한 여부가 판가름 나는 단계다. 이미 고객에게는 나와의 '공감영역'이 생겼다. 대략적으로 우리 회사와 나에 대한 '감'도 잡고 있을 것이다. 이제 구체적인 'BANTC'에 대해 얘기를 나눌 것이다. 주의할 것은 구체적으로 물어보지도 않고, 섣부르게 예단['아싸!' 또는 '아휴']해서는 안 된다는 것이다. 고객이 나를 '와락' 안으면, 객관적인 상황에 대해 판단하기에 앞서 뭔가를 '덥석' 믿고 싶어질 것이다. 그래서 세 번째 스텝이 매우 중요하다.

3rd	전화/방문	a. 구체적인 BANTC 확인, 범위/구매시기/예산/결정권자/현황
	제안	b. 방문/제안 동의 확인, 구매계획의 심화

구체적인 고통진단을 통해, 판단의 영역으로 들어 가게 된다.
'박차를 가해 앞으로 갈 것인가?'
'알고 보니 자기만의 관심이었네? 일단 보류'
'여기서 잠시 멈추고 2달 뒤에 다시 접촉?'

영업기회의 파악, 기회의 적정성 여부에 대한 판단과, 어느 정도 호흡으로 다가갈 것인가를 세박자 세일즈를 통해 도움을 받아보길 바란다.

B2B Sales

몇 번을 더 맨땅에 헤딩해야 하나?

가슴에 쩌억쩌억 금이 가는 듯 하다. 12월의 칼 바람은 뼛속을 에고 간다. 세일즈맨 이 대리. 그가 한파실업의 서 과장과 미팅을 마치고 나오며 쓰러진다. 서 과장은 아마 남극에서 온 것 같다. 몇 번이나 더 칼 바람과 무시를 견뎌야 하는 건가? 가슴이 아려서 죽을 것 같다. 심지어 이 미팅을 준비하며 사흘 밤을 건물 청소하시는 아줌마와 함께 퇴근했다. 가슴이 뻐근했다. 오전까지만 해도 회사 브로슈어와 제품 홍보용으로 만든 기념 펜도 챙겨 넣으며 '아싸! 이제 한파실업은 내가 접수한다!' 흥분된 자신감으로 가득했다.

그런데 서 과장의 찬바람은 의외였다. 무슨 문제였던 걸까? '저희 제품을 구매하시면, 한파실업의 생산성이 20%는 높아집니다. 게다가 이번에 10% 특별 할인을 받을 수 있습니다. 구축완료까지 기간도 2주 단축해 드리겠습니다. 최고의 선택을 하시는 겁니다.' 입 양 옆으로 거품이 입술만큼이나 흘러 나올 정도로 단내 나게 부르짖었다. 그런데 이 무식한 양반의 표정은 시종일관 일관성 있게 '그래서요?' 다. 대꾸도 안하고 다 듣더니, 그제서야 한마디를 한다.

"좋다고 얘기하니까 그런 거 같긴 한데요. 그거 지금은 도입하기 어려울 거 같아요. 나중에 필요하면 연락 드릴게요." 이 미팅이 올해의 10번째 미팅인데, 여기서 그만 포기해야 할까? 아니면 계속 헤딩을 해야 할까?

예술작품과 그림업계에서는, 수집가가 전시작품을 구매하기까지 평균 14번의 세일즈 콜이 필요하다고 말한다레인메이커 p. 64 인용. '콜: 수주'의 비율이 '14 : 1'인 셈이다. 이런 것도 계산하나 싶지만, '나의 세일즈 사이클'을 이해하는데 도움이 된다. 세일즈는 전략을 수행하는 과정이다. 수주까지의 여정에 대해 목표와 일정을 갖고 여러 방안들을 세워, 목표 지점에 도달하는 것이다.

계산해 보면, 비율은 업계마다 다르겠지만, 생각보다 아마 구매 사이클이 길게 나올 거다. 보통의 B2B 업계의 구매 사이클은 최소 3개월에서 약 1년 정도가 소요된다. 그만큼 많은 단계와 인내가 필요한 곳이다. 만약 5 : 1 이라면, 5번을 가는 동안 밟아야 할 세일즈 스텝이 필요한 거다. 고객의 프로젝트 단계마다 필요한 스텝들 말이다. '3번을 갔는데도 고객의 답을 못 얻었네. 좌절이야.'라고 생각할 이유가 없다. 2번 더 가면 되니까. 다만, 나의 세일즈 매출이나 일정 목표에 맞게 현재 세일즈 파이프라인을 유지하며, 목표 달성이 가능할지 가늠해 보는 것도 중요하다. 그래야, '5번에 구매로 이어지지 못 했을 때도 1번 더 갈 것인가?' 과감히 다른 쪽으로 초점을 옮길 것인지를 판단할 수 있기 때문이다. 지금 여러분이 가지고 있는 세일즈 기회들은 마무리까지 몇 번 남았을까?

인생사와 닮은 꼴

열리지 않는 철문 속 차갑지만 예쁜 미소의 그녀를 만나기 24시간 전 이 대리. 연녹색 컬러가 따뜻해 보이는 셔츠를 하나 산다. 있어 보일까 싶어 그 동안 던져 놓은 영어 소설책도 한 권 손에 들었다. '아싸! 누구든 걸리면 넘어간다 이거야~.'

"요즘 유행하는 영화, 잘 모르지만 유행이다 싶어 얘기 좀 했죠. 잘나갔던 학창시절과 나름 괜찮은 내 조건들도 풀어놓았지요. 근데, 도도녀 얼굴은 '근데요?'입니다. 세 번이나 만나면서 파스타도 먹고, 호텔 커피도 마셨지요. 영화도 한 편 봤습니다. 나름 열심히 두드린 것 같은데요. 왜 그녀는 제게 마음을 열지 않는 걸까요? 알듯 말듯 애매한 표정들 속에 들어있는 진심은 뭘까요? 환장하겠습니다. 이쯤 해서 포기해야 하는 걸까요?" 여러분의 대답은?

10번 찍어 안 넘어가는 나무 없다고 했다. 그런데, 10번 찍었는데

안 넘어갔다면? 계속 찍을까?

오래 전 영화 중에 '101번째 프로포즈'라는 영화가 있다. 만약 그게 당신이었다면 101번째까지 프로포즈를 할 것인가? 아니면 다른 대상으로 바꿀까? 그 기간을 기다릴 수 있는 여유가 있는가? 아니면 모든 것을 걸고 1곳에 매달릴 것인가? 판단은 결국 조직 또는 나의 몫이다. 회사의 가이드 라인, 처한 상황, 목표, 그리고 예상되는 성과들에 따라 판단이 달라질 것이다.

세일즈를 전개함에 있어, 일반적으로 그리고 통계적으로 통하는 업계 평균, 나의 평균들을 잘 살펴보시기 바란다. 그에 따라, 몇 차례 정도의 초기 접촉 시도와 제안 미팅, 이후 협상 단계들이 이뤄졌는지를 보고, 어카운트에 대한 영업기회에 대한 호흡을 조절해야 한다.

정말 공들인 건이 하나 있는데, 잘 안 되는가? 삶의 진리와 상통할 수 있을지 모르겠지만, 진정으로 놓아주려 하는 마음으로, 다시 보면 실마리가 보일 때가 있다고 한다.

> 그런데, 말이죠. 참 이상한 일은 말입니다.
> 잡으려 하면 끝끝내 떠나고
> 진정으로 놓아주려 하면
> 이상하게 본인 의지로 떠나지 않아요.
> 사람들이 이 이치를 알아야 하는데 말이지요.
>
> 멈추면, 비로소 보이는 것들, p. 169, 혜민 스님

슬럼프, 또한 지나가리라

불황은 기회이자 개선과 발전의 호기이다. 호황 때 숨겨졌던 문제가 일거에 표출되는 기회다.

몇 년 전 세계 최대 외국계 금융기관에서 세일즈 부서 임원을 하는 친구를 만났을 때다. 참고로, 그 친구는 아주 잘 나가는 임원이다. 그 당시는 내가 세일즈가 잘 안 되어 어려움을 겪을 때였다. 내가 물었다.

"너도 세일즈가 안 될 때가 있었나?"

"그러엄, 1년 동안 한 건도 계약을 못했을 때도 있었어. 왜 M은행으로 옮겼을 때 있잖아? 그때 참 힘들었지."

"그래? 너도 그럴 때가 있었어? 그래서, 어떻게 했나?"

"별별 방법을 다 써 봤지만 안 되더라. 하지만, 계속 뛰었지. 그랬더니, 그게 다음 해에 나타나더라고. 고객들이 오더를 넣어주더라. 그 해에 돈 좀 벌었지."

물론, 슬럼프가 오지 않도록 하는 게 최상일 것이다. 하지만 최고의 자리에 오르고 또한 유지하기 위해서는 남다른 노력이 필요하다

골프계의 백상어라고 불리는 그레그 노먼도 실력을 닦기 위해 그만의 피나는 노력을 했다고 한다골퍼와 백만장자, 마크 피셔 저, pp. 74~75, 77.

"그는 컵 주위 2피트 원둘레 상에 25개의 공을 나란히 놓고 하나의 실수도 없이 전부 넣기를 시도했지. 2피트에서 모두 성공하면 3피트에서 계속하지. 그는 잘 되는 날은 6피트까지 갈 수 있다고 하네. 6피트 원둘레 상의 마지막 퍼팅을 할 때는 정말 집에 가서 샤워를 하고 싶어지지. 그것은 압박감이 다소 생긴다는 말이야. 마스터스 시합 수준은 아니겠지만 그럼에도 압박감은 압박감이야. 한번 해 보게. 도움이 될 걸세. 노먼은 그것을 '자신감 증폭기'라고 한다네. 챔피언이 되려면 그렇게 생각해야 하네. 챔피언들은 보통 사람처럼 행동하지 않아. 언제나 노력하고 분석하고 스스로에게 질문을 던지는 거야. 또한 다른 사람들이 지나치는 세세한 부분까지 알아차리지. 다시 말하면 그들은 같은 재능을 가진 경쟁자들 사이에서는 더욱 강인한 정신을 지닌 자가 이긴다는 것을 알고, 일이 되게 하는 데 몸뿐만 아니라 정신까지 쓰는 거야."

… (중략)

"헤밍웨이는 '노인과 바다'의 첫 페이지를 예순 번 고쳐 썼고, 에디슨은 세상을 밝힌 전기를 발명하기 전에 1만 번의 실험을 하였다네. (… 중략) 마스터스, US 오픈, 브리티시 오픈에서 세 차례 우승한 골프의 달인 게리 플레이어가 한 말을 기억하네. '내가 연습을 많이 하면 할수록, 나는 더욱더 운이 좋아져!"

늘 최고가 될 수는 없다. 하지만 내려와도 다시 올라갈 수는 있다.

새로운 세계 수영황제 박태환은 넘지 못할 거라 보였던 마이클 펠프스를 넘었다. 슬럼프의 늪에 빠지는 듯 했지만, 2011년 초부터 세계대회에서 금메달을 휩쓸며 화려하게 부활했다. '훈련벌레'라는 별명과 함께.

그래서, 호흡 조절을 여러 차례 강조하는 것이다.

스스로 호흡을 조절하지 못하면, 늘 허덕이게 된다. 또는 너무 급하게 들이대게 된다. 연인 사이에서도 한 쪽에서 심하게 들이대면 '움찔'하고 물러선다. 물러섬에 조급해져서 더 다가서면, 부담스러워서 떠나게 된다.

허덕이면 자세가 안 나온다. 봤을 때 없어 보이면, 사고 싶지도 않다. 스스로에게 한 번 물어봐라. '내가 고객이라면 나에게 사겠는가?' 만약 그 대답이 '그렇다'라면, 왜 사겠는가? 호흡 조절이 되고 있으면 고객이 당장 사겠다고 해도 말린다. 예산, 팀 구성, 내부 승인과정, 구매 범위 등에 대해서 완전히 확인이 되었는지 물어봐야 한다.

만약 본인이 슬럼프에 빠져 있다고 생각이 드는가? 그러면, 발주서를 들고 기다릴 고객을 향해 더 열심히 뛰어라. 고객들 옆에 붙어 있자. 지속적으로, 1주일, 1달, 1분기, 1년.

우리는 날마다 도전에 직면하고, 때로 성공과 실패를 반복한다. 실패가 있을 수 있다고 알고는 있지만, 막상 그 상황에 직면했을 때 극복하기란 쉽지 않다.

전쟁의 기술p. 414에서 로버트 그린은 이렇게 말한다.

'성공적인 마무리를 계획하라'

"명심하라. 어떤 모험에서든 당신이 승리나 패배 혹은 성공과 실패의 관점에서만 바라보는 경향이 있다면, 그것은 대단히 위험하다. 당신의 지성은 앞을 내다보기보다 어느 시점에 멈추게 된다. 감정이 그 순간을 지배한다. 승리하면 잘났다는 듯이 의기양양하고, 패배하면 낙담과 비통이 온몸을 휘감는다. 당신에게 진정 필요한 것은 인생에 대한 유연하고 전략적인 시각이다. 진정한 끝은 어디에도 없다. 당신이 어떤 일을 어떤 식으로 결말을 짓는가에 따라 당신의 다음 행보가 영향을 받거나 더 나아가 아예 결정되어버린다. 어떤 승리는 차라리 패배만도 못하다. 아무런 결과를 도출하지 못하기 때문이다. 반대로 어떤 패배는 승리보다 낫다. 일종의 각성이나 교훈으로 작용하기 때문이다. 이런 식의 유연한 사고방식은 결말의 질과 분위기에 더 큰 전략적 무게를 두게 만든다. (… 중략) 어떤 승리나 패배도 순간적인 현상에 불과하며 진짜 중요한 것은 우리가 그것을 통해 무엇을 얻는가이다. 이 사실을 이해하면 삶에서 반드시 따르게 마련인 수천 번의 투쟁 속에서도 우리는 훨씬 수월하게 균형을 유지할 수 있다. 단 한 가지 진실한 종말은 죽음뿐이다. 그 외에 다른 것은 모두 과도기의 일부분에 불과하다.”

세일즈맨의 경력관리

세일즈맨의 경력관리를 얘기하기 앞서 답답한 얘기 하나만 하자. 인터파크 근무 시절의 이야기다. 기획팀에 근무하고 있었는데, 인사팀의 이력서 검토 작업을 도와 준 적이 있다. 2명 뽑는데, 이력서만 1,000장 정도 받은 거 같다. 그런데, 보면 볼수록 한숨만 나온다. 왜? 예를 들면 지원자 대부분이 아래와 같은 경력을 가지고 있기 때문이다.

경력사항 – 경력 4년 2개월(회사명은 가명임)

기 간	회사/부서	직 무
2008년 12월 ~ 2009년 12월	㈜ABC Ent.	방송 보조
(경력 1년 0개월)	총무팀 사원	
2010년 1월 ~ 2010년 9월	㈜상부	유통/물류 관리
(경력 0년 8개월)	관리팀 사원	
2010년 10월 ~ 2011년 12월	디지털IS	영상장비 유통 관리
(경력 1년 2개월)	관리팀 대리	
2012년 1월~ 2014년 5월	OK컴	쇼핑몰 마케팅
(경력 1년 4개월)	마케팅팀 대리	

4년 경력에 다닌 회사가 4곳. 이직사유도 안 적혀 있으니 왜 옮겨 다녔는지 알 수도 없다. 각 회사의 업무마다 연속성도 떨어진다. 사회 생활 시작한지는 9년이 넘었지만, 총 경력은 4년이다. 게다가 2014년 5월 이후로 1년 이상 구직 중이다. 경력사항을 보는 마음이 답답해 온다. 마음 같아서는 더 들여다 보고 싶지 않지만 그렇다고 안 볼 수도 없다.

'회사 경험이 4년이라고 해도 해당되는 쪽은 1년도 안 되네? 뭐야 이거?'

'이 사람은 뭐가 전문인거지?'

'우리 회사 들어와도 1년 정도 되면 나가겠네? 1년이면 일 배우고 익히는데 들어가는 기간만 따져도 그 정도 되는데…'

직접적으로 질문해 보겠다. '당신이 사장이라면 이런 사람 뽑고 싶으세요?' "네, 뽑습니다."라고 할 사람이 있을까. 이렇게 이직이 잦은 사람을 뽑으면 그 회사도 오래 못 간다.

경영학의 '조직행동론'에 의하면, 사람이 일에 싫증을 느끼거나 다른 대안을 찾기 시작하는 시기가 입사한지 3년차가 됐을 때라고 한다. 그래서, 3년 정도가 지났을 때 승진도 시켜주고 연봉도 올려 주는 것이다. 3년 지나서 이직하면 조직 관점에서 큰 손실이기 때문이다. 일에 대한, 조직에 대한, 회사에 대한 일관성이 떨어지는 것은 업무 능력이 떨어지는 것과 일맥상통한다. 어떤 일도 3년 정도의 기간을 겪지 않으면 일을 제대로 꿰차기 어렵다. 한 번 들어간 회사라면 적어도 3년 이상 다녀야 하는 이유 중의 하나다. 그래야 다음 직장도 인정 받고 옮길 수 있다. '나 같은 사람이 이런 곳에 있을 인재냐?' 이런 생각을, 회사에서도 생각해 줄 거라고 생각하는가? 미안하지만 아니다. 사람 찾아 주는 일을 하는 헤드헌터들이 제일 금기 시 하는 일 중의 하나가 '잦은 이직'이다.

자, 그런데 내 뜻이 아니라 회사가 어려워져서 옮기게 됐을 수도 있다. 집안의 급한 일로 잠시 일을 그만 둬야 할 수도 있다. 그런 것이 좋지 않다고 얘기할 수는 없다. 만약 1번이든 그 이상이든 이직이 있었다면 이직 사유를 꼭! 꼭! 기입할 것. 만약 채용이 되고 싶다면 말이다. 이직이나 퇴사 사유가 있는 사람과 없는 사람의 이력서는 분명 달라보인다.

RFP는 '선(先/善/線)'이다

'필요하면 연락하겠지?'라는 생각, 괜찮을까?

영업 건들이 실패를 거듭했다. 조 상무가 거듭된 실패를 나무라기 위해 회의를 소집했다. "지난 3개월 동안 9건의 영업기회가 1건을 제외하고 모두 실패로 돌아간 거 다들 알지? 마 부장! 어떻게 된 건지 얘기 좀 해봐!"

"상무님, 우선 죄송하다는 말씀 드립니다."

"내가 그런 얘기나 듣자고 불렀어? 어떻게 된 거냐고?"

"실은 저희가 최근 개입한 9건 중 5건이 입찰요청이 이미 발표된 건 들이었습니다. 저희가 진입이 늦었습니다."

"왜 늦은 건데? 늦은 건들에 왜 들어간 거야?"

"…" [자기가 들어가라고 한 거잖아]

“그래서, 내가 몇 번이나 물어봤잖아요? 앞으로 어떻게 할 거에요?” [갑자기 존댓말. 이제 죽었구나.]

“매출이 저조해서 일단 여러 곳에 진입을 시도해보려고 했는데, 결국 실패하고 말았습니다. 후발 주자로 들어가니 정보나 관계 면에서 밀릴 수밖에 없었습니다. 앞으로, 경쟁사보다 일찍 들어가겠습니다. 즉, 초기 단계부터 진입해서 수주 확률을 높이겠습니다.”

“어떻게요?”

“…”

마땅한 답이 없을 경우 세일즈맨이 택할 수 있는 것은 둘 중 하나다. 날아오는 재떨이를 피하거나 아니면, ‘구체적으로 준비해서 내일까지 보고하겠습니다.’라고 하고 잽싸게 자리를 피하거나.

‘Early Engagement’ 외국계 회사를 다녀 본 세일즈맨이라면 귀에 못이 박히게 들어 보고 본인도 말하던 표현이다. 조기 진입! 다른 회사에서, 다른 세일즈맨이 '보호제'를 발라 놓기 전에 진입해야 한다는 얘기다.

앞에서 얘기 나눈, 벤처 기업에서 솔루션 세일즈를 하던 시절의 얘기다. 유명 대기업의 문을 두드렸다. 마침 고객은 'IT 헬프데스크' 솔루션을 찾고 있었다. 그런데, 솔루션 구축을 명 받은 고객의 담당 과장은 그 솔루션이 무엇인지, 그것을 구축하면 어떤 이점이 있는지 몰랐다. 다만, 시키니까 하는 일이었다. 당연히 내부 품의서도 짐이 될 수밖에 없었다. 하지만, 품의서는 고객 상무에게 제출됐다. 그 품의서는 내가 작성해준 것이었다. 우리 회사의 솔루션이 가장 최적의 솔루션으로 평가된 것은 물론이다. 나중에 다른 회사들이 열심히 들어와서 '보호막 제거침', '고공 폭격'을 해댔지만 소용없었다. 초반의 고통을 함께 나누고, 해결책을 찾아 준 그 세일즈맨을 어찌 쉽게 제거할 수 있겠는가? 그 프로젝트 이후에도 그 과장은 나를 계속 찾았다. 다른 좋은 고객을 추천해 준 것은 물론이다.

나도 세일즈 매니저를 하면서 참으로 어색하고 곤란한 순간을 많이 겪어왔다. 세일즈가 항상 잘 될 수는 없다. 실적이 저조하거나 저조할 것으로 예측이 될 때 세일즈맨과 머리를 맞대고 얘길 한다.

"…"

"어떻게 할 거야?"

"… 더 열심히 해야죠."

대부분 '어떻게'에 대한 얘기가 없다. '어떻게'가 제일 어렵기 때문에. 물론, 세일즈 하다 보면 운 좋게 '뒷발에 채여 순식간에 접수하는' 건들도 있다. 실적이 쪼일 때 그 맛이 그렇게 좋을 수가 없다. 하지만 그 '뒷발 건'의 가장 큰 문제는 언제 걸릴 지, 내가 먹을지 못 먹을지 모른다는 것이다.

실적에 쫓긴다고 바로 앞에 있는 것 들만 신경 쓰다 보면, 3개월 후에 바로 재앙이 온다. 그리고 6개월 후에는 쓰나미를 만난다.

자! 잠재 고객의 연락처를 연다. 작전 계획 세우고, 호흡을 고르고, 최근 1년간 나의 은총을 입지 못했던 100대 리스트 앞으로! 이메일과 전화를 돌린다.

"여보세요?"

"안녕하세요. 과장님. 제가 지난 주 보내드린 메일 받으셨는지요? 1년 만에 전화 드렸죠? 너무 오랜만에 전화 드려서 죄송해요. 요즘 빅데이터 준비한다고 난리 법석이에요. 민국전자에서도 그거 때문에 7월에 크게 세미나를 한다고 하네요. 혹시 과장님도 준비하고 계세요?" [생략된 말: '고통스럽지 않으세요?']

"앗, 그래요? 요즘 다른 일로 바빠서 그거 신경을 못 썼네. 혹시, 어떻게 한대요?" ['고객의 머리 속엔? '헉! 거기에 기선을 뺏기면 안 되지!']

세일즈 RFP=Sales Line

고객이 프로젝트를 잘 준비하도록 도와 주자. 내가 고객을 가장 잘 도와줄 수 있는 방법은 흔들림 없이 우리 솔루션/제품으로 프로젝트를 준비하는 것이다. 내 것을 내가 가장 잘 알기에.

공공기관이나 대기업에서는 일반적으로 공정 경쟁 입찰을 해야 한다. 그러기에 열심히 도와 주고, 입찰에서 밀리는 경우도 허다하다. 고객이 입찰 요청서를 잘 준비하도록 도와 주자. 물론, 우리 솔루션/제품 규격으로. 초기 단계부터 개입했고 고객 내부적으로 방법이 있다면 수의 계약형태로 유도하자. 아이러니컬하게도 매우 공정한 규격은 고객에게 도움이 안 된다. 열심히 기획하고 답을 도출해 왔는데, 갑자기 수 많은 선택을 만나게 되면 혼란에 빠진다. 고객이 원래 일정으로 잘 준비하도록 도와 주기 위해 세일즈맨은 프로젝트의 준비 과정을 잘 이끌어야 한다. 세일즈맨에게 리더십이 필요하다고 말 하는 이유 중의 하나다. 고객의 제안요청서RFP 작업과정에 활발하게 개입될 수 없다면, RFP를 통해 세일즈를 성공시키는 것은 복권을 사는 것과 비슷하다. 어떤 이유로 제안요청서가 세일즈의 실패로 끝나게 됐다면 이유는 무엇일까?

RFP는 고객과 함께하는 '절대 선先/善/線'이다.

심호흡, 초점 재점검

'무작정' 대리가 고객과 마주한 자리. 고객은 무 대리가 어떤 수를 펼칠지를 주시하고 있다. 섣부른 얘기 꺼냈다가 초반에 다 박살이 날 수 있다. 약 5초의 적막이 흐르는 가운데, 긴장되는 순간! 무 대리가 무작정 뱉어낸다.

"계장님, 저희 제품은 최근 고객들의 수요와 희망사항을 모두 담아 기존 제품보다 저렴한 가격에 7월에 출시 됩니다. 게다가 경쟁사 대비 30% 이상 저렴하고, 자사의 기존 제품보다도 오히려 10%가 저렴합니다. 아직 출시 전이라 실제 고객은 아직 없지만 그간 저희 연구실에서 아주 오랫동안 실험을 통해 증명이 되었기 때문에 믿고 구매하셔도 될 겁니다. A기업에서도 관심을 아주 많이 보여주고 계십니다. 시범용으로 1달 정도 사용해보시고 그때 결정하셔도 됩니다.

하하하하하”

말은 잘 하는 거 같다. 그런데, 정작 실속이 없다. 듣지 않고 내뱉다시피 하기 때문이다.

끝났다. 무 대리의 ‘무작정 내뱉기’에 고객의 생각은 이미 다른 곳에 가있다.

‘결국 물건 팔러 온 거지 뭐. 나한테 관심이나 있겠어?’

고객이 ‘이 사람 말 잘하네’하고 생각한다 해도, 그저 자기 얘기하러 온 사람이라 생각하지 그 이상일거라 기대하긴 어렵다. ‘대박’을 기대했지만, 돌아오는 ‘쪽박’을 막을 길이 없다.

반면, 뛰어난 세일즈맨의 초점은 ‘내’가 아니라 ‘고객’에게 있다.

“계장님이 전산 총괄을 담당하시는 군요. 그럼 관리도 바쁘신데 타 부서에서 상당히 많은 요구를 받으시지요?”

“요즘 가장 많이 듣는 요구사항이 무엇인가요?”

“아, 네. 그럼, 혹시 기존에 보유하신 장비의 결함을 해결하기 위한 검토 준비가 되고 있으신가요?”

“생각은 있으나, 어떻게 준비할 지 모르시겠다는 말씀이신 거지요? 경쟁사이지만 A기업 관리자 분들도 비슷한 경험을 많이 하셨습니다.”

고품격 세일즈앨런 S. 보레스, pp. 47~48에서 이런 것들은 세일즈가 아니라고 말한다.

> "고객에게 말을 길게 늘어놓는 것 또한 세일즈가 아니다. 전문직 종사자들이 고객을 만날 때 가장 많이 저지르는 실수 중에 하나가 고객들에게는 이야기할 기회를 주지 않고 자신들만 지껄여댄다는 것이다. 말을 많이 하면 할수록 고객들이 서비스를 구매할 가능성이 더 클 것이라는 생각일랑은 제발 집어치워라. 고객은 당신이 무슨 생각을 갖고 있는지 무슨 말을 하고 있는지에 대해서는 관심이 없다. 그들이 관심을 갖고 신경을 쓰는 것은 바로 자신들의 생각이고 자신들이 하고자 하는 말이다."

좀 안다고 생각하는 세일즈맨들이 저지르는 치명적인 실수 중의 하나에 대해 얘기한 것이다.

인간경영 분야의 대가라고 하는 카네기의 인간관계론에는 이런 이야기p.75가 나온다.

> "카네기의 형수는 두 아들 때문에 항상 걱정하고 있었다. 그들은 예일 대학에 재학 중이었는데 자신들의 일에 너무 바빠 집에 편지 쓰는 것을 게을리하고, 어머니가 아무리 몸이 달아 편지를 보내도 답장 한 번 하지 않았다.
> 그러자 카네기는 특별히 답장을 보내달라는 요구를 하지 않고도 자신은 답장을 받을 수 있다고 하며 1백 달러 내기를 제의했다. 누군가 내기에 응하는 사람이 나서자 카네기는 조카에게 아무 내용이 없는 잡담 비슷한 편지를 보냈다. 다만 추신으로 두 사람에게 각각 5달러

씩 보낸다는 것만을 썼다. 하지만 카네기는 일부러 돈은 보내지 않았다. 답장은 지체 없이 왔다.

"친애하는 숙부님께. 보내주신 편지 감사합니다…."

그 다음 문장은 상상에 맡기겠다."

'과연 우리는 고객이 고민이나 관심사안에 대해, 관심이 있긴 한 걸까?' 한 번 스스로에게 질문 해보자. '내가 얻고 싶은 것만 얻으려 한 건 아닐까?'

고객을 만나러 가는 길에 나는 항상 궁금하다.

'이 분은 오늘 무엇이 궁금할까?'

'이 분은 어떤 얘길 하고 싶어할까?'

'이 분은 나를 만나면서 무엇을 얻고 싶어할까?'

심호흡 세 번! 초점 재점검!

세일즈 단상

'네 번 듣고 한 번 말하기' 사청일언 법칙

보통 영업사원은 말을 잘할 거라 생각한다. 맞다. 말을 잘 해야 한다. 4번 듣고 난 후, 1번의 결정타를 날려야 한다. 세일즈 성과에서도 파레토 법칙이 적용된다는 것을 아마 잘 알 것이다.

20%의 우수한 고객이 80%의 매출을 기여한다.

그래서, 20%의 우수한 고객에게 80%의 집중을 한다.

나머지 80%의 고객에는 20%의 가벼운 터치를 한다.

그렇다고 해서 20%의 매출을 기여하는 80%의 고객에게 소홀할 경우, 어려운 시기에 재앙을 맞을 수 있다. 반드시 20% 정도의 터치를 해야 한다. 그들은 수적으로 매우 중요한 의미를 지니고 있다.

대화의 기술 1 : 질문하기

“부장님, 지난 주에 휴가 어떠셨나요?” S가 물었다.

“네, 잘 다녀왔지요. 갔다 오니 엄청 피곤하네요.”라는 C부장의 답이 이어졌다.

C부장이 답 하는 동안 S의 머리 속은 ‘프로젝트가 진행된 건가?’로 가득차 있다.

C부장의 답에 S가 질문한다.

“아, 네. 혹시 그 동안 이번 프로젝트 건에 대해 내부적으로 논의는 좀 되셨나요?”

“…”

C부장은 말이 없다.

S영업의 질문에 C부장의 속마음은 ‘궁금하지도 않은 휴가는 왜 물

어본 거야?'

C부장과 S영업의 예처럼, 마치 대답은 궁금하지도 않았다는 듯이 건성으로 물어보고 나면 그 다음 질문도 건성으로 나오기 쉽다. 프로젝트가 궁금하면 차라리 "프로젝트 진행은 어떻게 되고 있나요?"라고 직접적으로 물어보는 게 훨씬 낫다.

유명한 세일즈 강의나 책 들에서 최소 70 : 30 이상으로 듣기를 많이 해야 한다고 말한다. 삼성의 이건희 회장은 '傾聽'이라는 휘호를 선친 이병철 회장으로부터 물려 받았다. 이건희 회장은 '경청'을 좌우명으로 삼았다고 한다. 그 '경청'을 잘 하기 위해서는 적절한 질문이 중요하다. 유태인들은 아이가 학교에서 돌아오면, '오늘 무슨 질문을 했니?'라고 물어본다고 한다. '오늘 뭐 배웠니?' 보다 한 차원 높은 수준이다. 또 '무지개 원리'의 저자 차동엽 신부는 한 강연에서 이렇게 얘기했다.

"오스트리아에서는 초등학교 1, 2학년 어린이들에게 철학을 가르칩니다. 아이들은 그 수업을 통해 '질문하는 법'을 배우죠."

다음은 뛰어난 경청자 중 한 명인 '지그문트 프로이드'의 경청하는 태도에 대해 그를 만나 본 사람이 묘사한 글이다.

"그 모습은 너무나 인상적이어서 도저히 프로이드를 잊지 못할 정도였습니다. 그는 다른 어떤 사람에게서도 찾아볼 수 없는 특성을 지니고 있었습니다. 나는 그런 집중된 주의력을 본 적이 없습니다. 그

것은 다른 사람의 마음을 꿰뚫어보는 듯한 '영혼을 파고드는 응시' 같은 것이었습니다. 그의 눈은 온화하고 다정스러웠습니다. 목소리는 낮고 친절했고, 제스처는 거의 없었습니다. 그러나 프로이드가 나에게 보내는 주의력, 내가 말한 것에 대한 그의 찬사는 정말 엄청난 것이었습니다. 어떤 사람이 당신의 말을 그렇게 들어줄 때의 기분은 아마 상상도 못 하실 겁니다."

질문법 팁 1

진정성을 갖고 질문하기! 눈을 보자!

"안녕하세요. 과장님."

"네, 안녕하세요."

"한 주간 잘 지내셨죠?"

"네, 그럭저럭 보냈죠."

"네, 잘 지내셨다니 반갑습니다. 하하. 이번 프로젝트 건이 과장님 대기업 프로젝트 실무책임 최 과장: 38세, 기혼, 1남 초등 1학년 1녀 3살, 취미-등산, 차장 진급 대기께 매우 중요해 보이는데요. 혹시 어떤 의미가 있으세요? 그 부분을 유념하여, 진행하겠습니다. 특히 과장님께도 도움이 되고 싶네요."

"사장님이 강조하고 있는 글로벌 경영환경과 맥락을 같이하고 있어요. 그리고 곧 성과평가가 있어요의미 심장한 표정이 스친다.

"아, 네. 중요한 시점이네요. 똑바로 잘 하겠습니다의미 있는 웃음. 그럼, 중국법인과 본사 간 커뮤니케이션 채널강화를 목표로 하는 이 프로젝트에서 어떤 부분에 가장 주안점을 둬야 할까요? 투자대비효과/연결성 강화/최고 시스템 구축/본사 사용자 편의성 증대/눈에 보이는 효과 등 여러 요소가 있는데 말이죠."

"사장님이 최근 제일 강조하시는 건 글로벌 기준에 맞는 시스템이에요. 중국법인 뿐 아니라 앞으로 다른 국가들에도 확대해서 적용하려고 하시는 거 같거든요."

"그럼, 이번 중국 프로젝트 건을 완료하신 후 다른 지역에도 확장할 계획을 갖고 계신가 보네요. 확장은 언제쯤으로 예상하세요?"

"내년 상반기는 돼야겠죠?"

[업무의 이야기가 이어졌고 마무리 시점이 되었다.]

"지지난 주 제주 여행 어떠셨어요?"

"아, 역시 제주 좋던데요. 갔다 오니 좀 피곤하긴 하지만 … 하하."

"어디가 제일 좋으셨어요?"

"공룡랜드란 곳에 별 기대 안하고 갔는데, 좋던데요. 가족들도 다 좋아하더라고요."

"아, 그러셨군요. 저도 한 번 꼭 가보고 싶네요. 하하."

고객 담당자의 휴가에 대한 이야기는 나의 프로젝트에 잠시 쉼표를 줄 수 있다. 고객과 나의 호흡을 맞추어 함께 가는 것이 중요하다. 한 번만 고객 입장에서 생각해 보면, 고객이 하고 싶은 –물론, 세일즈에도 도움이 되는– 얘기를 주고 받을 수 있다.

세일즈 대화에서 개인적인 질문이나 얘기는 세일즈 콜이나 방문의 말미에 하는 것이 좋다고 한다. 어차피 일로 만났으면 일 애기를 먼저 하고, 사생활 얘기는 나중에 하는 것이 좋다는 것이다. 맞다. 초점은 사람이다. 다만, 돈을 향할 뿐이다.

전화 통화를 할 때도 상대방이 앞에 있는 것처럼 하는 게 좋다. 전화하면서 딴짓하면, 전화선 타고 느껴진다고 한다. 비록 통화하지만, 질문하면서, 눈을 보고 있는 것처럼 밝게 웃으면서.

질문법 팁 2

개방형 질문!(Open ended question!) '예/아니오'로 대답할 수 있는 질문보다 설명을 요하는 질문이 좋다.

폐쇄형 질문의 최후는
"휴가 잘 다녀 오셨어요?"
"네."
"재미있으셨어요?"
"네."
"......" 그 다음은 없으리라.

"어떤 영업사원이 가장 마음에 드시던가요?"
"뭐가 제일 궁금하세요? 사내에서 제일 이슈가 되고 있는 게 뭔가요?"

"오늘 다녀간 사람 중에 누가 제일 좋으세요?"

그리고 때로는 직접적으로 물어보는 게 좋다. 직접적으로 물어보지 않아서 잃어버리는 영업기회들이 아주 많다. 그리고 개방형으로 질문한다. 고객의 말 속에 답이 있다. 질문을 잘 준비해서 고객이 어찌할 수 없이 보따리를 풀게 하자.

준비된 얘기나 내 제품, 서비스에 대한 얘기만 하고, 듣고 싶은 얘기예산, 진행시기, 수요만 들으려 하는 나쁜 습관을 가진 사람들이 있다. 그래야 본인이 뭔가를 했다는 느낌이 들기 때문일 것이다. 그런데, 고객도 마찬가지로 자신이 뭔가를 얘기하고 선택하고 결정하고 구매한다는 느낌을 좋아한다. 질문을 통해 고객이 스스로 답을 얘기하도록 함으로써 스스로 기쁘게 답을 찾는 과정을 겪게 해준다면 금상첨화다. 이런 과정을 거치면 구매 후 만족도도 매우 높고, 주위에 광고도 많이 해 준다.

자, 이제 준비가 모두 되었다면, 고객에게 질문하라!

대화의 기술 2 : 경청하기

"팀장님, 왜 질문 해 놓고 듣질 않으세요?"
"네? 제가요?"

나는 전 직장의 동료들로부터 그런 얘길 몇 차례 들었고, 들을 때마다 놀라곤 했다. 더 어릴 적엔 동생에게 이런 얘길 들었다.

"형은 얘길 하다가 왜 딴 생각을 해?"

'내가 무슨 문제가 있을까?' 고민을 했다. 그러다, 또 얼굴이 화끈거리는 얘길 들었다.

"팀장님, 이제 저와 얘기할 때는 제 눈을 보세요. 아시겠죠?" 클라이언트 매니저의 말이었다.

나를 위해 해주는 충고이자 경고였다. 자존심이 무척 상했다. 싫은 소리 듣는 걸 어릴 적부터 극도로 싫어하던 나였다. 하지만, '이번 기회에 제대로 듣지 않는 나쁜 습관을 고치리라' 마음 먹고, 아예 수첩의 갈피에 적었다.

"말을 할 때나 들을 때나, 상대방의 눈을 보자!"

그리고 나서, 계속 연습을 했다. 처음에는 무지 어색했다. 사람의 눈을 똑바로 본다는 게 이리도 어색한 일이었는지 … 그래도 기왕에 시작한 거 꿋꿋하게 계속했다. 그랬더니 바뀌더라. 그리고 '얘기를 나누면서 상대방의 눈을 보는 것'의 혜택을 맛보기 시작했다.

상대가 나와 얘기하는 것을 좋아하는 거다. 나와 얘기하면 좋단다. 잘 들어준다나.

'내게도 이런 일이!'

그 뒤로는 전화를 할 때도 그 사람의 눈을 본다고 생각하고, 딴짓 안하고 통화만 하려고 애쓴다. 안 볼 때는 왜 이렇게 딴짓 할 게 많은지 모르겠다. 그래도, 대화에 집중하기 위해 최대한 동작을 아끼거나 걷는다.

대화의 기술의 첫 번째가 '좋은 질문'이었다면, '좋은 듣기'는 대화의 종결자인 셈이다. 상대방의 눈을 보자. 통화를 하면서도 고객의 눈을 본다고 생각하자.

1 잘 듣기! 고객의 말言을 금金으로 바꿔주지만 돈이 안 드는 마법 같은 기술이다. 경청의 표시로 추임새를 넣어주면 더 좋다. '명세화/바꿔말하기/인정하기' 응용술을 활용하면 된다.

"제가 상무님 말씀을 제대로 이해했나 싶은데요. 좀 더 구체적으로 말하자면, 상무님이 필요하다 생각하시지만 조직차원에서 검토가 되기까지는 시간이 필요하다는 말씀이시지요?" → 명세화

"네, 그 말씀은 아직 구체적으로 준비가 되지 않았지만, 검토할 필요는 있다는 말씀이시지요?" → 바꿔말하기

"넵, 상무님. 필요성을 이미 인식하고 계시다니 놀랍습니다. 하하!" → 인정하기

2 받아쓰기! 상대방이 내가 받아쓰는 모습을 보게 하자. 이렇게 얘기하자.

"상무님 말씀을 곰곰이 들어보니, 내부적으로 쉽지 않은 도전들을 이겨내 오신 것 같습니다. 잠깐 좀 받아 적을 시간을 주실 수 있을까요? 하하! 좋은 말씀이 많아서…"

아니면, 한 자 한 자 쓰면서 얘기하자.

"아, 네. 그러니까 이번에는 약,식,으,로 진,행,하면 좋겠고~, 내,년초,에 해,외,지,부,를 포,함,해,서 전,체,를 하,는 방,향,으,로 네, 알겠습니다. 좋은 생각이신데요? 하하."

받아쓰는 상대방의 모습은, 혹은 수화기로 전해지는 모습은 고객에게 자신이 그리고 자신의 말이 매우 중요하다는 느낌을 줄 것이다.

'사람을 알아볼 줄 아는 친구 구만. 계속 얘기해 봐. 또 뭐가 궁금하지?'

3 간단히 요약하기! 자, 마무리 해주자.

"자, 오늘 여러 주옥 같은 말씀을 많이 해주셨습니다. 이번 차세대 보안시스템 5.0은 "상무님의 관심사항이긴 하나 조직차원에서 검토되기까지는 시간이 걸린다. 만약 이번에 진행한다 해도 약식으로 진행하고, 내년에 해외를 포함해서 전체적으로 추진했으면 한다"는 말씀 주셨습니다. 혹시 제가 빠뜨리거나 잘못 이해한 부분이 있나요?"

"아, 네. 고맙습니다. 그럼, 다음 주 월요일 오후 2시에 정리한 제안을 가지고 다시 찾아 뵙겠습니다. 감사합니다."

경청만 잘 해도 충분한 경우가 많은데, 가끔 고객을 넘어서려는 실수를 자주 본다. '가르치려' 한다는 것이다.

경영혁명의 저자 톰 피터스의 얘기를 들어 본다경영혁명, 톰 피터스 저, p.263 참조.

"다음에 소개하는 것과 같은 부류의 대화만큼 나의 성질을 돋우는 것도 없을 것이다."

"우리는 정말로 고객과 가깝게 접촉해야 하고 의사소통도 훨씬 나아져야 합니다."
"맞아요. 그 점에 문제가 있지요."
"고객들은 새로운 제품특징을 이해하지 못하는 것 같습니다. 거기에 큰 문제가 있어요. 그렇기 때문에 그들과 함께 시간을 보내야 합니다."
"맞습니다. 고객을 교육시켜야만 됩니다."

"이상의 대화에서 우리는 다음과 같이 대화가 악화되어 가는 것을 관찰할 수 있다. ❶ '고객과 접촉한다'라는 말로부터 ❷ 의사소통으로 ❸ '그들은' 이해하지 못한다로, 그리고 거기서 ❹ '고객을' 교육한다로 악화되고 있다. 눈 깜짝할 사이에 경청Listening이 이야기하고talking 말하는 것telling으로 옮아간 것이다.'"

경영혁명이라는 이 책은 1991년에 출판됐다. 20년이 지난 지금에도 여전히 통하는 금언金言인 것이다.

기억하자. 경청傾聽

대화의 기술 3: '이메일' 3대 기본기

현재 세일즈 하면서 이메일 안 쓰는 사람은 없다. 이메일은 세일즈의 중요한 소통도구 중 하나다. 그런데, 글에도 문법이 있듯이 이메일에도 기본 규칙이 있다는 것을 모르는 경우가 아주 많다.

안녕하세요 - 메시지 (HTML)
파일 메시지 삽입 옵션 텍스트 서식 검토
보내기(S) 받는 사람... 참조(C)...
제목(U) 안녕하세요
첨부 파일(T) 제안서.pptx (1 MB)

안녕하세요.

제안서 보냅니다. 검토해 주세요.
감사합니당~ ^^

위와 같은 메일을 볼 때면 당황스럽기까지 하다. '과연 뭘 배운 걸까?'

이메일 하나 잘 쓰면 천냥을 얻을 수 있다. 이메일의 기본규칙과 활용법을 정리해 봤다.

이메일에는 3대 기본원칙이 있다. '수신인 우선', '간결', '친절'의 원칙이다.

수신인 우선의 원칙

이메일 3대 기본원칙 중에 가장 중요한 원칙이다. 이메일은 보내는 '내'가 아니라 받아보는 '수신인'이 읽도록 보내는 글이다. 내가 보기에 아무리 괜찮아도 수신인이 이해할 수 없거나, 수신인이 이해하는 내용이 내가 의도한 바와 다르면 아무 의미가 없다. 오히려 안 보낸 것만 못할 수 있다.

간결의 원칙

글은 간결해야 한다. 그래야 읽기 편하다. 내용은 맞는데 글이 너무 길거나, 주제와 관계없는 내용이 너무 많은 글을 한가하게 읽을 시간이 비즈니스 세계에서는 별로 없다. 성의 없이 쓰라는 얘기가 결코 아니다. 한 문장에 200글자씩 들어 갔다거나, 온갖 '그래서, 그러나, 그러므로'들이 난무하는 글은 난해함만을 남길 뿐이다. 계약서가 아니라면 이메일은 간결하게 쓰자.

친절의 원칙

받아 보는 사람이 편하게 알아볼 수 있도록, 한 번에 이해할 수 있도록, 추가로 많은 이메일의 주고 받음이 필요하지 않도록 보낸다면 거의 완벽하다. 수신인이 이메일을 받고 '이해하기 편하네, 무슨 내용이고 내가 어떻게 하면 되겠구나, 그 다음에는 어떤 사항들이 필요하겠다'는 것을 이해한다면 오케이! 이메일의 기본기능을 거의 다 했다고 보면 되겠다.

✓ 이메일의 기본 골격

▶ 수신인: 받을 사람의 이메일 주소

▶ 참조: 직접은 아니지만, 참조해서 볼 사람 이메일 주소

▶ 숨은 참조: 수신인이나 참조인이 몰라도 되는 제3인의 이메일 주소

▶ 제목: 이메일 전체 내용을 간추린 내용, 주제/소주제/각론 또는 요청사항, 2015년 마케팅 전략/초안/검토 요청

▶ 본문: (간결하게!!!)

수신인의 이름이나 직함, (김**) 팀장님,

[선택적] 간단한 인사, 안녕하세요.

[선택적] 간단한 감사, 월요일에 기초방향에 대한 조언 감사합니다.

본문의 취지나 목적, 지난 주 말씀하신 2015년 마케팅 전략 초안입니다.

(한 줄 띄우고)

본 내용: 2016년 마케팅 전략의 주요 과제는 **, ***, **** 입니다. 그 중 **는 3월 시행을 목표로 1월 준비해야 할 것으로 생각됩니다.

***는 6월의 반기 마감을 위해 필요합니다.

**** 상세내용을 담은 엑셀표를 첨부하였습니다.

(한 줄 띄우고)

검토하신 후 금요일 오전까지 의견 부탁 드립니다. 월요일 임원 보고 미팅에 발표될 예정입니다.

(한 줄 띄우고)

감사합니다.

이진국 드림.

▶ 서명

조직/직급/이름, 전략기획팀 대리 이진국

회사명, 주식회사 제이케이엘 컴퍼니

전화번호, 02) 5**-6***

(선택적) 팩스번호, 02) 5**-5***

이메일주소

(선택적) 회사 로고

홈페이지, www.jklcompany.co.kr

슬로건, 2+do 2+think 2+outcome

✓ 참조나 숨은 참조 활용법

이메일의 직접적인 발송 대상은 아니지만, 함께 보는 것이 필요한 사람들을 넣음으로써 한 번에 여러 효과를 볼 수 있다. 참조인을 적절하게 잘 활용하는 것은 생산성에 매우 큰 영향을 준다.

▶ 참조인: 이메일과 관련된 팀, 팀 내에서 함께 작업한 사람, 이메일 발송자의 상급자, 이메일을 참고해야 하는 사람들

▶ 숨은 참조인: (권장하고 싶지는 않지만) 참조인은 모르게 이메일에 간접적으로 관련된 사람 또는 참조해야 하는 사람들

※ 숨은 참조인을 권장하지 않는 이유: 나중이라도 참조인이 해당 메일이 숨은 참조인이 있었다는 것을 알게 될 경우, 이메일 보낸 사람의 의도를 오해 또는 의심할 수 있다. 또는 이메일 보내는 사람이 숨은 참조인을 활용한다는 것을 알 경우, 그 발송인의 '이메일의 배후'를 늘 의심할 수 있다.

✓ 회신에도 기본 원칙이 있다.

▶ 감사의 원칙: 이메일 보낸 사람의 메일 내용의 좋은 점을 칭찬하고 감사

이메일 확인했습니다. 시간 내 초안 작성 고맙습니다. 또는 기초 방안에 대한 간결한 정리 고맙습니다.

▶ 제목에 친절함: 2012년 마케팅 전략/초안/검토 요청[의견 회신]

※ 회신의 적절한 시한은 언제? 24시간. 이메일 회신에 대한 유통기한은 24시간이 통상적이다. 24시간을 넘긴다면, 발신인의 메일을 무시했거나, 안 봤거나, 받을 수 없는 상황으로

간주될 수 있다. 만약, 상황들에 대한 적합한 이유가 없다면, 다음 설명은 구차해지고, 변명이 많이 붙게 된다.

✓ 통화/미팅하고 이메일로 Reminder 나눠주기

▶ 긴 통화나 미팅의 정리

오늘 말씀 나눈 내용 간략한 정리입니다.

**은 언제까지 어떻게 협의해서 공유하기로 함

***은 10일에 방문하고 업데이트

****에 대한 사장님 결재 받은 후 15일에 재미팅

▶ 통화나 방문에 대한 간략한 감사 이메일

오늘 ***에 대한 말씀 감사 드립니다. ***의 8월 시행을 위한 좋은 방향이 되었습니다.

구체 방안에 대해 추가 협의 후 다음 주에 다시 연락 드리겠습니다.

✓ 이메일의 속성에 대한 팁

타이핑된 글자에는 감정이 없다. 강력한 메시지를 명확히 전달할 경우, 이메일은 말보다 강할 수 있다. 동시에 되돌릴 수 없는 증거를 남긴다이메일 하나 잘못 써서 회사 잘리는 경우 가끔 생긴다. 이모티콘^^, ㅋㅋ, 등을 남발할 경우 이메일이나 보내는 사람이 가벼워 보일 수 있다. 글자에는 감정이 없지만, 거칠고 공격적인 표현은 수신인이나 참조인들에게 상처를 남긴다. 그리고 발신인에게 '쓰나미'로 돌아온다.

좋은 이야기만 듣고 싶은 귀

행복한 귀를 의심해야 한다솔루션 씽킹 솔루션 셀링, 마이클 보스워스 저, p.210•

"구매자가 상담을 진전시키는 데 동의하면, 이제 여러분은 "저희 회사와 제품을 어떤 방식으로 평가하고 싶으십니까?"라고 질문할 수 있습니다. "기존의 고객 한 분과 얘기를 좀 해봤으면 합니다." "제품이 실제로 사용되는 현장을 보았으면 합니다." "귀사의 신용 상태를 알고 싶습니다." "제품 시연을 부탁 드립니다."
이때 판매자는 가상의 목 받침대를 착용하고 있어야 합니다. 그래야만 구매자의 요구에 쉽게 쉽게 고개를 끄덕이지 않습니다."

우리가 지금 만나는 고객은 '구매 예정자'이지 '구매자'는 아닌 것이다.

"마음에 드네요. 총무과장과 상의해서 검토 의견 올려 봅시다."

'아싸! 이제 되는구나!'

이렇게 생각해도 될까? 마음은 그렇게 믿고 싶다. 그런데, 현실은 그렇지 않다. 단지, 그저 마음에 들었고, 검토해 보겠다고 말했을 가능성이 70% 이상이다. 그럼, 잠재 고객들과 나누는 프로젝트에 대한 얘기들 중 유효한 프로젝트를 감별할 수 있는 요소는 무엇인가?

행복한 이야기만 듣고 싶어하는 귀를 보완하기 위해, 아래에 유효 프로젝트 감별 4+1요소를 파악해 본다.

나 자신과 고객에게 질문을 던져보자.

"회사 의전차를 바꾸시겠다고요?"

"네."

"배기량 4,000cc 이상으로 말씀이죠?"

"네."

"그럼, 대략적인 예산은 있으시겠네요?"

"아니요."

[난감…] "그럼 어떤 분이 타실 건가요? 과장님께서 결정하시나요?"

"그냥 알아 보는 거에요. 저도 이사님께 결재 올려야죠"

[난감…] "아, 네. 혹시 언제 필요하신가요?"

"아마, 12월경에는 필요하지 않을까 싶네요."

"혹시 다른 곳도 알아보셨어요?"

"그렇죠."

"네, 그럼, 아직 예산은 없으시고, 누가 타실지는 모르시지만, 12월경에는 4,000cc 이상급의 의전차가 필요하다는 말씀이시죠. 제가 잘 정리했나요?”

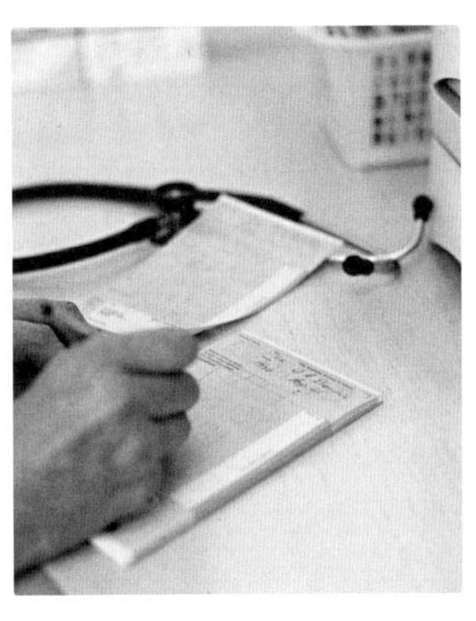

‘4+1’이 감이 잡혔는가? 그렇다.

누가 산대?

왜 산대?

어떻게 산대? [돈 있대?]

언제 산대?

우리 거 산대?

답이 없다면, 의심하자!

BANTC라고 했다. 영미권 회사에 다니는 분들은 알 수도 있는 표현이다. 반드시 BANTC“반트씨”를 확인한다.

Budget	예산 수립 여부 [올해 집행 예산으로 내부 승인권자의 승인 꼬리표가 달려있는지?]
Authority	의사결정 권한의 범위 [내가 접촉하고 있는 사람의 의사결정 범위]
Needs	수요 [구체적인 요구사항이나 실현하고자 하는 범위]
Timeline	시기 [언제까지는 구매와 구축이 되어야 하는지?]
Competition	경쟁 현황 다른 업체가 줄 대고 있지는 않은지? 공정한 게임을 할 수 있는지?

고객의 고통이 구매로 이어진다. 누가/왜/어떻게/언제 사려고 하는지 궁금해야 하는 건 당연하다. 심지어 내 거를 사겠다고 해도 합리적으로 의심해 봐야 한다. 내 거가 뭐가 좋을까?

그렇지 않을 경우엔? “산다고 하셨잖아요!!!” 비명을 지르게 될 가능성이 90% 이상이다.

약속잡기, 이타적 선택권을 고객에게

"아, 네. 과장님. 그럼, 저희가 한 번 찾아 뵙는 건 어떠세요?"

"굳이 오실 필요까진 없을 거 같은데 …"

"부담스런 방문을 드리려고 하는 건 아니고요. 나중이라도 실제 업무를 추진하실 때 정보나 업체들 만남이 필요하실 텐데요. 그죠?"

"아, 네."

"그때 이곳 저곳 어디를 만나야 할 지 고민도 되실 거고요. 미리 만나서 인사도 드리고, 사전에 필요하신 게 있으실지 검토도 해드리는 시간이 되지 않을까 합니다. 언제가 시간이 가능하실까요?"

"아, 뭐. 근데 늘 바빠요. 언제라고 딱히 얘기하기도 뭐하네요."

"그러시죠? 다들 바쁘시더라고요. 10분 정도의 짬은 어떠실까요? 다음 주 수요일이나 목요일경 어떠세요?"

"수요일요?"

"네. 아님 목요일요."

"수요일은 회의도 많고하니."

"그럼, 목요일에 뵐까요? 목요일은 오전 오후 중에 언제가 좋으실지요?"

"기왕이면 오전이 좋겠네요. 11시 전에."

"네, 그럼, 10시에 찾아 뵙겠습니다."

"네, 그럽시다."

"네, 감사합니다. 과장님. 다음 주 목요일 오전 10시에 뵙겠습니다."

과장님이 시간이 많다고 얘기할 확률? 거의 없다. "네, 어서오세요."

라고 말한다면 오히려 '이상한 회사 아니야?'라며 거꾸로 망설일 것이다. '저 시간 많아요. 아무 때나 오세요.'라고 얘기하면서 무척 '싸보이고' 싶은 사람도 없다. 그러므로, 치고 들어가야 한다. 잠깐 뵈면 되고, 고객에게 도움이 될 수밖에 없음을 자신 있게 강조하며 치고 들어가라.

과장님이 언제 시간이 된다고 먼저 얘기할 확률? 이것 또한 매우 낮다. '제가 목요일 오전 10시에 시간이 되요.'라고 얘기하고 싶을까? 이 역시 본인이 궁해 보일 수 있기 때문에, 그렇게는 얘기 안 한다. 그러므로 언제가 괜찮으실지 먼저 묻는 것이 좋다. 단, 두 가지 옵션을 주면서 묻는 것이다.

'수요일이나 목요일경 어떠세요?'

대개 화/수/목요일이 시간이 나는 경우가 많다. 월요일은 회의나 주말의 여파로 인해 별로 좋아하지 않는다. 금요일은 한 주 마감이고 마감 회의도 역시 많다. 처음 약속을 잡는 경우라면, 화/수/목을 먼저 들이대 보자. 만약 월요일에 오라고 한다면? 경우의 수는 2가지다. 월요일 밖에 시간이 거나, 사실 매우 급하게 만나야 하는 경우.

요일을 받았다면? '오전과 오후 중 어느 시간이 좋으신지요?' 이 역시 두 가지 옵션을 준다. 막연하게 하루 중 어느 때가 좋으시냐고 물어보면? 못.고.른.다. '갑자기 온다는 사람을 도대체 언제 만나 줘야 하나?'라는 막연한 고민을 미리 제거해주는 것이 좋다.

오전시간을 받았다면? 시간을 고정시켜 준다. "10시 어떠세요?" 과장님도 세일즈의 '간'을 본다는 것! 잊지 말자.

남녀생활 응용편: 데이트 약속 잡기 배틀(Battle)

남: "언제 시간 괜찮아요?"

여: "[아무 때나 괜찮다고 할 수도 없고…]…"

남: "시간 없어요?"

여: "[시간이 없는 건 아닌데, 뭐야 센스 없게?]좀 바쁘긴 해요."

남: "아, 그래요? 그럼 언제 보나요?"

여: "[미치겠네.] 나중에 시간될 때 보죠. 뭐 …"

대박! 꽝!!

'뭐 이런 남자가 있나?'라는 생각이 드는 분도 있을 거다. 하지만, 의외로 약속잡기의 센스가 무지하게 떨어지는 사람들 있다.

남: "이번 토요일 시간 어때요? '무조건 예매율 1위' 영화표 있는데요."

여: "[바로 시간 있다고 하면 없어 보이니까 …]친구가 보자고 하긴 했는데요. 몇 시요?"

남: "아, 네. 6시요."

여: "친구랑 얘기해 볼게요."

남: "넵. 토요일에 5시쯤 보기로 하죠. 미리 만나서, 차 한잔하고 보러 가요. 확인하고 바로 전화줘요."

여: "네[조금 있다가 전화 주면 되겠지?]"

약속을 잡을 때 상대방의 자존심을 배려해 주는 센스! 필요합니다.

남아프리카공화국 레이첼이 내 일자리를 빼앗았다

얼마 전 한 후배를 만났다. 영어 얘기를 하다 그의 영어 선생님 얘길 들었는데, 선생님은 한국에 안 계시단다. '요즘 하는 전화 영어인가 보다.'라고 생각하며 호주나 미국에 있는 선생님이겠거니 생각했던 나는 좀 놀라고 말았다. 남아프리카 공화국에 사는 24살 레이첼이라는 아가씨란다. 지구 저 멀리에 사는 레이첼이 한국의 일자리를 가진 것이다.

대한민국 → 남아프리카공화국 → 대한민국 → 남아프리카공화국

대한민국은 남아프리카공화국에 일자리를 준다. 물론 돈도 준다. 남아프리카공화국은 대한민국에 서비스를 제공한다. 그리고 서비스에 만족한 대한민국은 다시 남아프리카공화국에 일자리를 준다.

우리회사에 최근 입사한 친구는 중국 대련에 있는 델에서 한국 중소기업 대상으로 영업을 하던 사람이다. 뉴질랜드 국적의 한국인이다. 한국 사람이 뉴질랜드로 가서 10년을 살았다. 중국의 일자리를 가졌다. 그리고, 다시 한국 회사인 우리 회사에 입사했다.

대한민국 → 뉴질랜드 → 대한민국 → 중국 → 대한민국 → 대한민국

대한민국에서 뉴질랜드로 간다. 뉴질랜드에서 대한민국의 일감을 받아 중국으로 간다. 중국은 대한민국을 위해 서비스를 제공한다. 그러나 서비스에 불만족인 대한민국은 대한민국에 일자리를 준다.

내 후배 중 다른 한 명은 인도로 가서 공부를 했고 인도에서 일자리를 가졌다. 그 곳에서 한국 아이들을 가르치는 학원을 운영했다. 학원은 매우 잘 돼서 한 달에 1,000만원 이상의 순수익으로 벌었다고 한다. 그리고 한국으로 돌아와서 외교통상부에 입사해 일하고 있다.

대한민국 → 인도 → 인도의 한국 → 한국

대한민국에서 인도로 간다. 인도에서 한국사람에게 서비스를 제공한다. 그리고, 대한민국은 인도에서의 그의 경험을 사고, 그에게 일자리를 준다

내가 회사를 설립하고 가장 애타게 매달린 프로젝트가 있다. 한국의 업무지만, 싱가포르에서 결정을 내렸다. 한국의 매니저들은 우리 회사를 택했지만, 싱가포르의 매니저들은 다른 독일계 회사를 택했다. 그 프로젝트는 그 외국계 회사가 수주했다. 아시아태평양 본부에서 내린 결정에 밀린 것이다. 다시는 겪고 싶지 않은 뼈 아픈 실패였다.

싱가포르 → 대한민국 → 대한민국 → 싱가포르 → 독일 → 영국

싱가포르는 대한민국의 일을 대한민국에 의뢰한다. 대한민국은 대한민국의 의견을 싱가포르에 전한다. 싱가포르는 싱가포르에 있는 독일계 회사의 영국인 매니저에게 일을 맡겼다.

몇 년 전 L전자의 유럽과 아시아 지역에 대한 시장조사 프로젝트가 있었다. 그 프로젝트는 내가 다니던 마켓스타 미국 본사 이름으로 수주했고, 프로젝트를 위해 유럽에 있는 회사에 용역을 줬다. 그 회사는 유럽 지역에 대한 시장조사 업무를 수행했고, 싱가폴 친구가 아시아 지역 업무를 진행했다. 그 업무 결과는 미국회사를 통해 대한민국에 전달됐다.

대한민국 → 미국 → 유럽/싱가포르 → 미국 → 대한민국

대한민국 회사의 유럽 및 아시아 지역에 대한 업무를 미국회사가 수주하고, 유럽과 싱가폴 사람들이 일을 하고 돈을 받았다. 그 서비스 결과는 대한민국이 받았다.

안철수 원장은 '지금 우리에게 필요한 것은'이란 책에서 이미 이것을 이야기 했고, 실천했다. 그는 우리가 잠을 자고 있는 이 시간에도 세계 각국의 해커들은 깨어 있음에 위기를 느꼈고, 새벽 3시에 일어나 담요와 커피로 몸을 추스르며 컴퓨터 바이러스 백신을 개발했다. 그 노력이 지금의 '안철수연구소'의 바탕이 된 것이다.

일하면서 혹시 한 번쯤 생각해본 적이 있는지?

'도대체 내가 지금 어디서 일을 하고 있는 거야?'

'난 누굴 위해 일하고 있지?'

비즈니스에 국경이 사라져 가고 있다. 그나마 있던 장벽도 없애자고 국가 간 FTA를 맺고 있다. 더 이상 내 경쟁상대는 내 옆에 있는 동료가 아니다. 그들은 나의 조력자들이다. 나중에 나를 좋은 곳에서 추천해 주고, 나를 자극시켜줄 수 있는 파트너다. 더 큰 더 엄청난 경쟁이 밖에서 기다리고 있다. 그 경쟁은 어느 순간 우리 곁에 '훅~'하고 올 것이다. 우리는 준비하지 않으면 안 된다. 그 첫 번째 노력은 당연히 내가 지금 현재 하고 있는 일에서 최고가 되기 위해 최선을 다하는 것이다. 세계 제일이 돼 있는 나의 모습을 상상하며!

고객이 말해주지 않았다?

네번째 단계 : 강화

고객은 귀찮은 질문보다 이후의 '잘못된 결과물'을 훨씬 더 싫어한다. 잘못된 결과물은 모두에게 재앙이 될 수 있다. 고객과 세일즈맨 둘 다 중요한 시간을 잃는다. 고객회사는 중요한 시기를 못 맞출 수도 있고, 고객담당자는 문책을 받을 수도 있다.

보여줘, 설명하지 말고

세일즈 초년 시절, 고객을 만나러 갈 때 회사소개서부터 챙겨서 들고 갔다. 회사소개서에는 회사가 언제 만들어졌으며, 대표는 누구고, 어떤 일을 하고, 어떤 제품들이 있는지 수천 단어 이상이 나열된 인쇄물이다. 한 번은 분당에 있는 고객을 만나러 갔다. 지금처럼 교통이 좋지 않아 삼성동에서 가는 데만 1시간 30분이 넘게 걸렸다. 고객 앞에 회사소개서를 펼친다. 설명한다. 저희 회사는 이러 이러한 회사입니다.

물론, 고객의 반응은 '네, 그런데요?'다. 거의 대부분.

그런데도, 다음에 다른 고객을 만나러 갈 때도 회사소개서를 들고, 고객에게 회사와 제품 소개를 나열했다.

자, 이제 고객이 지금 구매를 해야 할 이유를 찾아주자. 그리고 잘 되었을 때 어떤 멋진 결과가 있을지를 보여 주자. 고객의 시간표에서 구체적인 마무리 시점을 얘기하고 역산해서 언제까지는 결정이 나야 하는 지를 얘기해 줘야 한다. 그러면, 지금 고객이 해야 할 일이 자연스럽게 도출이 된다.

✓ 서비스 시작일: 10월 1일

✓ 프로젝트 완료일: 8월 31일(9월 시험가동)

✓ 프로젝트 소요기간: 4주

✓ 납품 시기: 2016년 6월 30일

✓ 운송: 1주

✓ 제조기간: 4주

✓ 구매계약: 1주

✓ 내부 결재기간: 1달

“지금이 3월 2주이니까 …. 그럼 …”

“네, 맞습니다. 다음 주 금요일까지는 보고가 돼야겠네요. 그러고 보니 엄청 빠듯 할 것 같네요! 아이쿠 … 그럼, 이 다음은 어떻게 할까요?”

심리학적으로 상실에 대한 두려움이 소유에 대한 욕구보다 크다고 한다. 지금 구매를 하지 못하면 놓치게 될 것들을 구체적으로 그려 주면 상실의 두려움은 커지게 된다. 깔끔한 클로징을 위해 고객에게 예상되는 과정을 보여 주자. 의사가 애연 환자에게 이런 질문을 한다. “10년 뒤에 폐기능을 못 써도 좋으세요? 아니면 지금 담배를 끊으시겠어요?" 시커먼 폐 사진과 함께… 정말 두려운 질문 아닌가?

프리젠테이션 자리에서라면 다를까? 다를 바가 없다. 위에서도 얘길 했지만, 우리는 보통 고객을 만나면 설득부터 하려고 든다. 그런데 실제는 도움이 안 된다는 거다. 프리젠테이션 자리마저도 말이다.

우리는 환자와 상담하는 의사처럼 행동해야 한다. 그렇게 해서 프리젠테이션을 그저 들어야 하는 하나의 설명회가 아니라 고객 본인들의 업무를 위한 회의가 되도록 만들어야 한다. 그들끼리 업무의 주요 관심사와 문제를 털어 놓게 하고 충족할 수 있는 조건에 대해 토론하도록 이끄는 것이 좋다. 전체 20page 중에 불과 3page밖에 얘기를 못했는데, 시간이 10분 밖에 남지 않는 뜨거운 시간을 만들어 줘야 한다. 그리고 보여 주자.

"그래서, 저희가 그러한 문제를 이렇게 해결해 드리고자 합니다. 이를 통해 귀사도 타사와 같이 30%의 매출 신장을 경험하시게 될 겁니다."

잘못된 결과물 예방법, 동의 구하기

"네, 호두케이크로 주세요." 내가 제과점 점원에게 답했다. 계산을 하고 나오려는데 아내의 모습이 심상치 않다. "왜 그래? 기분 나쁜 일 있었어?"라는 물음에 아내가 답한다. "내가 '치즈케이크하고 호두케이크 중에 뭐 살까'라고 물었잖아. 그런데, 왜 당신은 나한테 물어보지도 않고, 호두케이크를 주문해?"

나는 짜증이 확 밀려왔다. 대한민국의 성인 남자라면, 여자를 한 번이라도 사귀어본 경험이 있다면, 완! 전! 공감할 것이다. '치즈나 호두나 둘 중의 하나 사서 먹으면 되는 거 아닌가?' 그런데, 생각해 보니 구매 전에 동의를 구하지 않은 것은 사실이었다. 내 해석을 바탕으로 주문한 거다.

여성의 우위는 이미 글로벌 트렌드다. 지금 이 책의 독자 분이 남성이시라면, 선택의 순간이 왔을 때, 먼저 한 번 물어 보자. 그저 물어 보자.

'어떤 게 좋겠어? 고르곤졸라 피자 어때?'

고객이 우선이다. 우리는 보통 "네, 알겠습니다."하고 준비를 시작한다. 씩씩한 대답 아주 좋다. 고객은 '나의 생각을 정확히 물어보진 않았지만, 잘 알고 있는 거겠지?'라고 생각할 것이다. 그런데, 고객이 정확히 얘길 한 적이 없는데, 어떻게 정확한 요구사항을 알 수 있을까? 그저 '네, 알겠습니다.'에 의거해서 열심히 준비해간 결과물제품/솔루션이 고객이 원했던 게 아니라면 어떻게 될까? 일반적인 세일즈맨이 저지르는 쉬운 실수 중 하나다. 물어보기도 귀찮고, 자꾸 물어보면 고객이 싫어할 거 같기도 해서 대충 정리하고 만다.

동의를 구해야 하는 2가지 중요한 이유가 있다.

첫째, 사람은 자신에게 의견을 구하는 사람을 좋아한다. 자신의 의견이 반영된다는 사실은 자존심이 서는 상당히 기분 좋은 일이다. "네, 김부장님. 현재 조금은 공격적인 A안과 현실적인 B안 중에 어떤 안을 가장 최적의 안으로 택하고자 하시나요?" B안을 선택할 것을 예상한다 해도, 이렇게 동의를 구하면 고객은 기분이 좋다. 자신이 뭔가 중요한 사람이라는 느낌이 들어 좋고, 자신이 선택 받는 게 아니라 선택의 주체가 되니 더 좋다.

둘째로, 고객은 귀찮은 질문보다 이후의 '잘못된 결과물'을 훨씬 더 싫어한다. 잘못된 결과물은 모두에게 재앙이 될 수 있다. 고객과 세일즈맨 둘 다 중요한 시간을 잃는다. 고객회사는 중요한 시기를 못 맞출 수도 있고, 고객담당자는 문책을 받을 수도 있다. 세일즈맨은 사업기회를 잃게 된다. "네, 김부장님. 그럼, BA 사양으로 해서 3개를 준비하고, 세부 사항은 박차장님과 확인하라는 말씀이시지요? 다음 주 화요일 오전 확인미팅 괜찮으세요?" 질문 2줄이면 그 뒤에 닥쳐올 서로의 황당한 경악을 막을 수 있다.

친구 중에 싱가포르 SI회사 부사장으로 일하다 지금은 오라클 아시아태평양 본부 영업 임원으로 있는 호주사람이 있다. 그가 전해준 세일즈 교육 중에 'Check for Acceptance수락 확인'라는 스킬이 있다. 나의 이해가 맞는지 확인하는 것이다. 예를 들어, 고객과의 세일즈 대화 중에 중요한 단계마다 '네, 부장님. 오늘 시스템의 중요성을 느끼지만 조직 간의 이슈가 있다고 말씀하신 걸로 이해했는데요. 제 이해가 맞나요?'라고 물어보는 거다. 대화가 길어지다 보면, 상대방도 무슨 얘기를 했는지 헷갈릴 때가 있고, 나도 무슨 얘길 들었나 분간이 안 될 때가 있다. 그래서, 중간 중간에 '정확한 이해를 확인하기'를 하는 거다. 동의 구하기와 같은 맥락이다.

'Check for Acceptance'

아무 것도 아닌 거 같고 귀찮아 보이는 이 과정이 세일즈의 중요한 갈림길을 형성할 수 있음을 인지해야 한다.

영업기회를 강하게 하는 질문들, BANTC

추 전무가 우 과장 자리 옆을 지나가면서 한 마디 툭 던진다. 절대 그냥 지나가는 법이 없다.

"우 과장, 국방부 차세대 방어 시스템 도입 건 잘 되고 있는 거지?"

"네, 천 소령님의 표정이 좋았습니다. 지나가면서 봤는데, '음, 자네 맘에 들어. 제품도 괜찮겠지?'라고 하는 거 같았어요. 잘 될 거에요. 하하!"

"…" '아 이 화상을 때릴 수도 없고…'

물론 긍정적인 우리의 눈은 늘 보고 싶은 것만 본다. 누구나 그렇다. '고객이 웃으면서 대했는데 일단 좋은 거 아닌가?' 생각한다. 하지만 실제 고객이 '나의 제안이 고객의 요구사항과 맞고, 차별적 가치가 있다'고 동의했는지 확인이 필요하다는 것을 부정하지 말자. 가슴은 뜨겁게! 머리는 차갑게!

세일즈 파이프라인 단계별[발견, 확증, 제안] BANTC[영업기회 확인 요소: Budget, Authority, Needs, Timeline, Competition] 발굴 포인트들을 함께 보자.

발견 단계

✓ 서비스 불만, 신제품 관심, 장비 오작동

✓ 제품 사용 만족도 낮음, 고객 대응도 만족

✓ 새로운 시스템 도입 가능성: 불편 없이 쓰고 있어요. 신기술?

✓ 더 자세한 자료를 받아 볼 수 있을까요?

✓ 그냥 알아보라고 해서 물어 봤어요.단지 조사?

✓ 이번에 합병이 됐어요. 동남아 시장을 확대한다 하네요.

✓ 2017년부터 '공공분야' 시장을 완전 개방한다고 해서요.

✓ 최근 DDoS 공격이 다시 큰 폭으로 늘어났다고 하던데.

✓ 차이나전기에서 공장 짓는다고, 기획팀에서 현황 알아보던데?

기회 확증(Qualified) 단계[Budget, Timeline]

✓ 예산이 정해졌나요? 별도 책정된 예산이 있으신 거죠?

↳ 아직 승인은 안 났는데, 예년 수준이겠죠?

✓ 과장님께서 예산 승인요청 올리시나요? 승인 받으시는데 오래 걸리시나요?

↳ 제 밑에 이 주임이 초안 올리고, 제가 이사님에게 승인요청 올려요. 사안에 따라 승인 받는데 시간이 다 다르죠. 작년에 올린 거 아직도 가부간에 얘기 못 들은 거도 있어요.

✓ 요즘 복고 느낌이 대세이다 보니, 변경하시게 되면 비용이 증가되게 되는데요?

↳ 요즘 그 디자인 때문에 인테리어 바꾼다고 난리데요. 근데 그거 꼭 해야 돼요? 요즘 불경기 때문에 비용도 계속 줄이고 있는데…

✓ 요즘 다시 모바일 게임사업이 뜨고 있던데요. 어떠세요?

↳ 신제품 출시한지 얼마 안 돼서, 아직 '와칭' 중이에요.

✓ 진행여부 결정시한을 언제쯤으로 보고 계세요? 3월경?

↳ 글쎄요. 3월에는 윤곽이 나오겠죠?

✓ 다른 프로젝트에 비해 우선순위가 높은 편인가요?

↳ 먼저 사람부터 뽑고 결정할 거 같은데요. 운용할 사람이 있어야 하니까.

✓ 이 프로젝트가 지연 되면 사업에 미치는 영향이 어떨까요?

↳ 이집트 개발 프로젝트 건에 투입이 되야 하니, 늦어지면 어떻게 되겠어요?

✓ 8월 이내에 프로젝트가 완료되면, 과장님께 혜택이 좀 있을까요?

↳ 제 시간 내에 프로젝트가 완료되면, 뭐 그냥 내일 했구나 하시겠죠. 그래도, 늦어지면 안 좋겠죠?

기회 확증(Qualified) 단계[Needs, Authority]

✓ 사장님 검토 지시사항이시면, 사장님의 요구사항 1번은 뭔가요?

↳ 사장님이 어디 세미나 갔다가 듣고 오신 모양이에요. 저는 잘 모르겠는지만, 다른 회사에서 도입했는데 좋다고 했대나. 근데 그 회사가 우리 경쟁사라는 게 문제죠.

✓ 어디서부터 어디까지 구축하고 싶으신 거죠? 너무 광범위한 요구사항이시라 …

↳ 그 회사보다 무조건 좋은 거로, 돈은 적게, 흐흐.

✓ 프로젝트에 대한 핵심 이슈 또는 목표가 있으세요?

↳ 무조건 빨라야 해요. 그리고 창사 10주년 기념식에 사용하는 거니까 폼도 나야 하고.

✓ 과장님이 기안 올리시나요?

↳ 제가 올리긴 하지만, 그 뒤부턴 이사님이 담당하세요.

✓ 이사님이 이 프로젝트 관련 일을 하세요? 프로젝트 팀을 따로 구성 안 하시고?

└→ 이사님이 부사장님 결재 받고, 진행하실 거에요. 물론, 관련 팀 연결은 제가 하겠지만…

✓ 이사님 컨펌 받으면 바로 진행하는 거죠?

└→ 아마 총무팀도 일부 참여하겠죠?

제안 단계[Competition]

✓ 언제까지 제안을 준비해 드리면 될까요?

└→ 아, 네. 이번 주까지 주세요.

✓ 언제부터 검토를 시작하셨어요?

└→ 전임자부터 한 거니까 한 1년 됐죠?

✓ 저희 솔루션이 왜 마음에 안 드실까요?

└→ 글쎄요 … 비싸잖아요.

✓ 금액부분을 제하고 봤을 때, 어떤 제안이 제일 마음에 드세요?

└→ 여러 지사에서 함께 실시간으로 볼 수 있다는 점은 맘에 드네요.

✓ 타사 제안 중에 어떤 부분이 제일 마음에 드시나요?

└→ 싸다는 점하고, 동시에 여러 명이 한 번에 쓸 수 있네요. 그런데 그게 기술적으로 가능할지 모르겠던데 …

✓ 실제 구매 및 구축 시점이 매우 빠듯한데요. 제안 받고 바로 진행 가능하세요?

↳ 일단 제안 줘 보세요. 제안 받고 결재 올려 봐야죠. 안 되면 일정이 미뤄 지겠죠. 뭐.

위와 같이 BANTC 발굴 포인트들을 살펴봤는데, 주의할 점이 있다. 상황에 맞는 질문을 해야 한다는 것과 고객이 취조 받는 다는 느낌을 받도록 해서는 안 된다는 것이다. 무엇이든지 자연스러운 것이 제일 좋다. 자연스러움은 여러분 각자의 색깔을 잘 감안해서 자기 것으로 만드시길 바란다.

세일즈 파이프라인은 내가 가만히 있어도 전개가 될 것이다. 진행단계에서 내가 함께 하고 있다는 느낌을 확인하는 것이 매우 중요하다. 기회 포착만 하고, 그 다음은 알아서 하시라고 한다면 밥을 지어서, 다른 사람이 먹게 하는 것과 똑같다.

진행단계에서 우리와 호흡을 맞추고 있는지? 고객 질문리스트 예시

Q1 다른 회사 제안서도 다 검토해 보셨어요?

Q2 저희 제안도 잘 검토하셨나요?

Q3 이번에 국방부에서 요구되는 차세대방어시스템을 위한 요구사항들을 모두 만족시키고 있나요?

Q4 이번 진행하시는데 저희의 부족함이나 이슈는 없으신지요?

Q5 예산안에서 다 충족이 되세요?

Q6 저희 제안 어떠셨어요? 어떤 요소가 가장 인상 깊으신가요?

Q7 만약 저희 제안을 채택하기로 결정을 내리신다면 어떤 점 때문일까요?

Q8 그 요소(가장 맘에 안 드는 부분)를 제외하면, 다음으로 중요한 건 뭘까요?

Q9 저희 제안에서 아쉬운 점이 있다면 무엇일까요? 그것을 어떻게 개선하면 될까요?

Answer

구매 의사결정에 결정적인 조언자 역할을 하는 김교수와 함께한 자리에서 물었다. '뭐가 가장 핵심포인트일까요?' 고맙게도 김 교수가 답을 해준다. "현재 시스템이 입학 시즌에는 도무지 무용지물이 되버려요." 그러면 이렇게 얘기하자. "시스템 도입 후 입학시즌이나 특정기간 때문에 문제가 되셨던 거군요. 이번에 가상화를 통해 이 부분이 해결됐습니다. 어떠세요? 그럼, 저희가 경쟁력 있어 보일까요?"

경쟁을 고려한 체크리스트 예시다.

Budget	✓ 최근 2년 간 매출 실적 및 순익 추이는? 재작년까지 하락세, 작년에 30% 성장, 올해 전망은? ✓ 이번 투자는 향후 비즈니스에 얼마나 영향을 줄까? 작년 대비 매출 10%+ 신장? ✓ 예산은 확실히 책정되었나? 혹시 다른 곳으로 전용될 가능성은? 증액될 수도 있나? ✓ 추정 예산 대비 우리 금액 수준은? 경쟁사 대비 수준은?
Authority	✓ 프로젝트와 관련된 부서는? 재무부/총무부/마케팅본부? ✓ 결재권은? 생산본부장? 영업본부장/마케팅본부장 공동? ✓ 이 프로젝트를 진행할 경우 혜택이나 영향을 받는 부서나 사람은? 구매팀/생산1팀/영업본부장/소부장? ✓ 우리는 어느 어느 부문에서 강점을 갖고 있지?
Needs	✓ 담당자가 원하는 수요 범위? ✓ 사업적으로 필요한 이유? ✓ 우리의 제안 범위와 경쟁사의 제안 범위는 어떻게 다른가? ✓ 우리가 추가로 제안할 수 있는 범위는? 추가함으로써 고객이 갖는 혜택은 어느 정도?
Timeline	✓ 3개월 이후 본 가동에 문제가 없는가? ✓ 우리의 일정이 경쟁사 대비 너무 긴 일정은 아닌가? ✓ 고객이 일정을 더 앞당기기를 원하지 않는가?
Competition	✓ "이번에 진행하는 프로젝트는 가격이 최우선 고려사항입니다." 김 과장님의 얘기 속에 생략된 말은 무엇일까? ✓ "본부장님이 디자인을 중요하게 생각하긴 하지만…" 소 부장님 팀의 우선 사항은? ✓ "사업 성패가 나의 승진에 영향을 줄 거 같긴 한데…" 이 상무님이 이번 승진에 목숨 걸고 있는 상황이라면? ✓ "이번에 '지방업체'를 통해 진행해야 할 텐데…" 구매의사결정권을 가진 황 부사장님의 인맥관계에 있는 지방업체는?

감사합니다 이진국 Dream

가마득씨는 오늘 잠재고객을 만나고 왔다. 그 다음은? 특별한 이슈가 없다면 2~3달 후쯤 이렇게 전화할 것이다.

"부장님. 지난 주에 뵀던 '가마득'입니다."

"아 … 누구시라고요?"

"무지주식회사의 가마득입니다. 3달쯤 전에 찾아 뵈었던 적이 있는데요. 기억 안 나세요?"

"아, 네. 다녀 가는 분들이 많아서 … 그런데, 왜 그러시죠?"

"… 아, 네. 특별한 것은 아니고, 그 사이 특별한 이슈나 도움이 필요하신 점 없으신가 해서요."

"네, 없네요."

'나를 기억도 못하네 … 특별히 얘기할 이슈도 없고 … 오늘도 '꽝'

이네 …'

"아, 네. 알겠습니다."

고객이 기억을 못하는 것은 당연하다. 귀찮도록 많은 사람들이 다녀갈 것이다. 수첩에 적기도 '뭐'한 대화들을 주고 받을 것이다. 그런데, '나'를 기억할 이유가 무엇이란 말인가. 첫 만남에서 인상 깊을 만한 '쇼'를 하지 않았다면 '가마득'을 기억할 이유는 없다. 하지만 조금이나마 기억하게 하고 싶다면 간단한 방법이 하나 있다.

'Thanks mail'

'Thanks mail'을 쓰는 것이다. 길지 않아도 된다. 대신 미팅 다음날 오전 이후로 넘어 가면 쓰는 느낌도, 받을 때도 타이밍도 어색할 수 있으니 보내는 시점을 참고 하도록 한다.

부장님, 안녕하세요.
어제 뵀던 나만을 과장입니다.
바쁘신 중에 시간 내주신 데 감사 드립니다.
어제 나눈 말씀 중에 '10년 후에도 잘 선택했다는 느낌이 들도록'이란 말씀이 기억에 남습니다.
마침, 제게 품질관리에 대한 좋은 자료가 있어 함께 첨부 드립니다.
이번 달 출장 일정 지나시고, 7월 초에 다시 연락 드리겠습니다.
감사합니다.
나만을 드림.

간결한 이메일. 10분 정도면 충분하다. 나중에 나를 기억시키기 위해 들여야 할 시간과 노력을 생각한다면 훨씬 경제적이다. 그 분에게도 나를 기억할 이유가 생기는 것이다.

나는 전날 만난 분들에게 다음 날 아침 8:30 전에 메일을 보낸다. 그리고 나중에 전화를 하면 '더 반갑게' 맞아 준다. "전무님, 안녕하세요? 4월에 뵀었죠? 이진국입니다. 그간 잘 지내셨어요? 하하. 기억해 주시네요. 네, 저도 잘 보냈습니다." 얘기가 훨씬 부드럽다. Thanks mail 덕분에 영업 기회가 이어진 경우도 여러 건이다.

여기서 Point 하나 더.

맨 아랫줄의 '나만을 드림'은 '나만을 Dream'과 같다.

나는 늘 감사하며 고객과 함께하는 멋진 성공을 꿈꾼다. R=VD라고 한다. '꿈꾸는 다락방'에서, 이지성 작가가 펼친 얘기다. 이지성씨는 신세계그룹 정용진 부회장의 독서 멘토로도 유명하다. VD=R! 생생히Vivid 꿈꾸니Dream 실현Realization되더라는 얘기다. 나도 생생히 꿈꾸며 하나씩 이뤄가며 살고 있다. 그래서 내 메일 맨 아랫줄은 늘 드림Dream으로 맺는다.

누군가를 만나 소중한 시간을 나눴다면?

Thank you mail을 쓰고, Dream하자.

세일즈 미팅 스코어카드

나의 세일즈 미팅은 어땠을까? 혹시 스스로 궁금해 본 적이 있을 것이다. 잘 했을까? 부족했다면 뭐가 부족했을까? 이에 대한 스코어링을 해 볼 수 있는 기회를 드리고자 한다. 아래 스코어카드는 지금까지 우리가 함께 나눴던 B2B 세일즈 방법론들을 담고 있기에 이해에 대한 요약본으로 활용하셔도 좋을 듯 하다.

항 목	평 가	세부 항목 설명
미팅 준비	20점	
방문/콜할 어카운트 리스트를 준비했나?	5	한 주간 방문대상(10곳 이상) 어카운트
어카운트 프로파일 수준은?	5	연락처/회사규모 및 필수정보/추가항목
해당 지역/산업의 관련 정보들을 이해하고 있나?	5	네이버/다음/홈페이지 등 정보, 현재 이벤트들, 경향과 발전현황, 최근 이슈
미팅 시 나눌 목차 준비했나?	5	미팅의 목적/대상/소개 스크립트/질문 리스트/다음 예상 스텝

미팅 중	70점	
미팅 초반 교감?	5	고객의 흥미 유발
소개 중에 효과적으로 가치에 대해 소통했나?	5	고객이 나와 만나야하는 하는 26가지 이유, 가치에 대한 분명한 표현
위기감 전달?	10	차별화된 요소, 고객이 아는/모르는 니즈(Needs), 해야만 하는 이유, 고객의 경쟁사가 도입한 사례 등 도입하지 않을 때의 도전과제들을 제시
BANTC?	25	B: 예산 수립 여부 A: 의사결정 기준과 과정 T: 진행일정 N: 요구되는 사업적 니즈(Needs) C: 우리 제품/솔루션 경쟁력(선호도/RFP반영도)
고객이 얘기하는 것을 잘 들었나?	5	경청[명세화/바꿔말하기/인정], 받아쓰기
고객의 반대에 능숙히 대처했는가?	5	고객이 반대하는 이유에 대해 상세히 질문, 고객의 반대를 자신감있게 대처
적절한 세일즈맨의 자세를 취했는가?	5	깔끔한 이미지/친밀감/전문가의 느낌/자신감/제품에 대한 믿음
제품/서비스에 대한 전문적인 지식을 보여주었나?	5	기본적인 특징과 기술/고객의 니즈에 대한 이해를 바탕으로 현재의 요구사항을 충족하는 솔루션 제시/기술의 트렌드와 미래 비즈니스 요구사항을 대비하는 기타 솔루션을 함께 제시
미팅이 끝나기 전 적절하게 마무리를 지었는가?	5	마무리 멘트 또는 감사/대화내용의 요약/중요한 사항에 대한 강조/다음 스텝에 대한 리마인드/정서적인 공감대 형성(고객이 다음 미팅/콜을 기대하게 해줌)
미팅 후	10점	
세일즈 로그 기록?	5	고객 연락처/목적/상세 대화 내용 & 고객이슈/다음단계
고객 요구사항을 알맞게 수행하고 있나?	5	고객 요구사항의 follow-up: 상세요구사항을 바탕으로 엔지니어/지원팀/협력사 지원요청 이메일 및 공유
종 합	100	**평가: 1. 매우미흡, 2. 개선필요, 3. 평균, 4. 우수, 5. 매우우수**

오늘 미팅은 몇 점 정도되는지?

잠자는 고객도 살아 있는 내 고객

통상 '잠자는 돈'이라 하면 휴면계좌에 남아 있는 예금이나 보험금을 말한다. B2B 사업을 영위하는 우리에게, 잠재고객으로서 가치가 있는 휴면계좌 속 '잠자는 고객'에는 두 가지 유형이 있다.

유형 1	유형 2
우리의 존재를 모르는 고객	우리를 알지만 제대로 된 접촉이 없는 고객

휴면계좌에 들어있는 잠자는 고객을 깨우고 싶지 않은가? 내 돈인데 안 쓸 이유가 없다. 찾아서 쓰자. 게다가 B2B의 특성은 거래처를 잘 바꾸지 않는다는 데 있다. 그러니, 휴면고객은 내가 '깨워주기'만을 기다리고 있는 고객이나 마찬가지다.

첫 번째 유형의 잠재고객의 경우, '어카운트 어떻게 고르지?' 단원을 참조해 신규 잠재고객을 확보해 보시기 바란다. 이번 글에서는 두 번째 유형인 '알지만 제대로 된 접촉이 없는 고객'을 위주로 어떻게 접촉하고 매출을 확대할 것인가를 얘기하려고 한다. 역시 사례를 위주로 살펴보고자 한다.

A사의 기간별 미거래 고객 추출 및 세일즈 사례

A사는 매출 확대방안을 고심 중에 있었다. 신규 고객을 늘리는 것도 물론 필요하지만, 시간도 많이 걸리고 방향이나 목표 세그먼트를 찾기가 쉽지 않았다. 깊은 고민을 하던 중에 기존 고객에 주목하게 된다.

'기존 고객에서 우리는 충분히 매출을 확보하고 있는가?'

(라는 근본적인 질문을 던졌다.)

위의 질문에 대한 대답은 안타깝게도 '아니오'였다.

A사는 기존 고객을 놓치고 있었다는 판단이 든 즉시, 기존 고객 DB 분석에 착수했다. 기존 고객 중에서 최근 3년간 거래가 없었던

고객을 추출했다. 그 숫자 만도 어마어마했다. 그 중에서 PC 규모순으로 상위 1,000개 어카운트를 골라내어 그들의 공통 특성들을 분석하고, 그에 맞는 세일즈 시나리오와 프로모션을 준비했다. 어카운트의 담당자를 다시 확인하면서 eDM을 보내고, 세일즈 콜과 방문을 전개했다. 그 결과 해당 분야에서 기대했던 그 이상 매출 신장을 경험할 수 있었다.

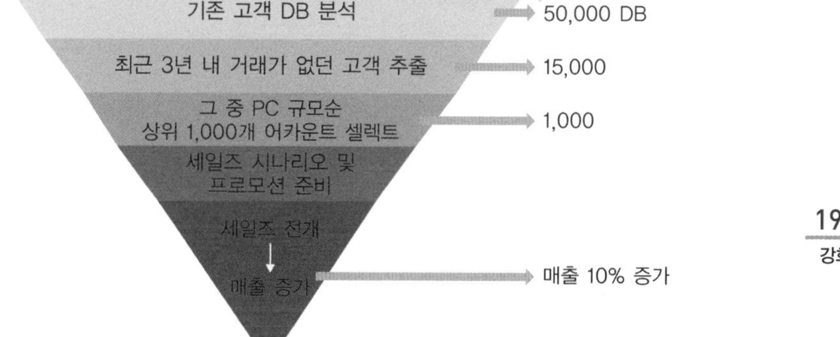

B사의 특별한 인해전술 사례

B사는 신규 B2B 솔루션을 출시했다. 평소 하던 대로 대대적인 신문 광도도 냈지만, 이건 아니다 싶었다. 뭔가 B2B 세일즈에 맞게 어카운트에 직접 진입하는 것이 필요하다는 것을 느꼈던 것이다. 현 상황의 문제점을 살펴보니 목표시장으로 하는 기업들의 타사 솔루

션 사용현황이나 불편한 점, 필요사항들을 모르고 있었다는 것을 발견했다. B사는 어카운트에 직접 진입하는 전략을 실행하기 위해 풍부한 인력 pool과 규모를 활용했다. 각 사업부에서 정예 인원을 선발하고 특별팀을 구성함과 더불어 매출 규모 2,000대 기업 리스트를 추출했다. 팀인원 당 어카운트를 할당하고 어카운트의 주요 필요 정보를 확보하도록 하는 한편, 어카운트 진입을 위해 고가의 기념품도 지원했다. 이러한 노력으로 확보된 정보를 바탕으로 B사는 제품을 재구성한 후 시장에 다시 진입했다.

이 전술은 규모가 크고 재원이 풍부한 회사에 맞는 방법이라고 볼 수 있으나, 중소규모 회사에서는 목표 어카운트를 줄이는 것과 같은 수정을 통해 접근해 볼 수 있을 것이다.

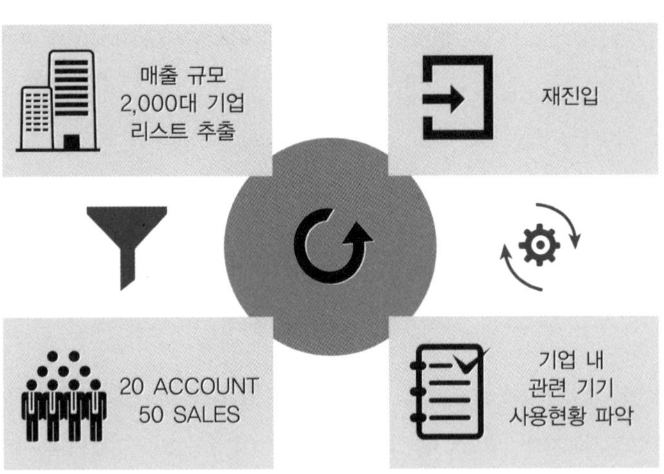

C사의 장기 지속형 팀 구성 사례

C사는 B2B 기술기업으로 몇 해 동안 큰 폭의 성장을 누렸다. 그러던 중 성장의 정체를 경험하며 매출 확대방안을 고민했다. 영업자동화 시스템도 전사적으로 도입해서 구축했지만, 사용은 극히 저조했다. 고객 DB는 정리되지 않아서 어떤 곳에 장비가 얼마만큼 들어갔는지 정보가 뒤죽박죽이었다. 영업기회는 등록되지 않고, 이 때문에 시스템을 기반으로 사업성과 예측도 어려웠다. 돌파구가 필요했다. 이에 C사는 매출 확대와 시스템 정착이라는 두 마리 토끼를 다 잡을 수 있는 전략을 택했다.

우선, 인사이드 세일즈 팀을 구성하여 필드 세일즈와의 협업팀을 형성했다처음 5명의 팀으로 출발해서 나중에는 20명까지 확대했다. 팀을 구성하는 한편, 기업 및 기관의 종업원 수를 기준으로 중견/중소기업 및 기관종업원 수 250~500명리스트를 추출했다. 기존에 DB관리가 되지 않고 있었기 때문에 이 3,000개 리스트 중 일부는 C사의 제품을 사용하고 있었을 수도 있었다. 담당자를 다시 확인하고 인사를 전개하는 과정에서 다음과 같은 고객의 불만을 수도 없이 접하게 되었다.

"팔고 나면 연락도 없어요!"

그럼에도 불구하고 고객들은 C사의 접촉을 반겨줬다. C사는 세일즈를 전개하는 과정에서 지속적으로 어카운트를 정제하고 추가하는 작업을 계속했고, 이러한 과정은 현재진행형이다. 이러한 노력의 결과로 10년 이상 매년 10% 이상의 매출 신장을 지속적으로 경험하고 있다.

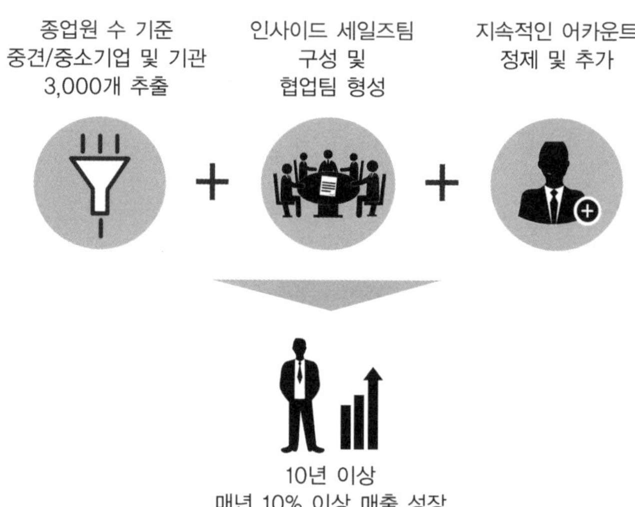

프로젝트형 업무팀 구성 사례

D사는 최근 클라우드 형태로 제품 라이선스 구성을 변경했다. 라이선스 구성 변경은 물론 고난이도의 고객요구사항이 반영된 고가 솔루션도 갖췄다. 솔루션 셀링을 통해 추가 매출 확대도 기하고 있다. 10,000곳 이상의 모든 기존 고객들을 대상으로 라이선스 변경에 따른 정책 변경 및 프로모션을 실행하고 있다. 어카운트 규모가 매

우 커서, 인사이드 세일즈 방법론을 적용하여 세일즈를 전개할 계획을 세웠다.

또한 본격적인 실행 전, 세일즈팀에 이와 관련한 외부기관의 교육도 진행했다. 체계적인 인사이드 세일즈 전개는 처음이지만, 실무 교육을 받고 고객 접근 및 질문법에 대한 이해를 높일 수 있었다.

쿨라우드 형태로
제품 라이선스 구성 변경

세일즈팀에 인사이드세일즈 관련
외부기관 교육 실시

인사이드세일즈 실행

세일즈는 현재 진행 중이다.

여러분의 상황에 맞는 사례를 골라, 실행해 보시길 바란다.

잠자는 고객. 살아있는 내 고객이다!

세일즈맨의 자기소개서

모 유통회사 대표인 친구와 인재 채용에 대해 얘기를 나눈 적이 있다.

"천편일률적인 자기소개서, 그 속에서 자신을 어떻게 돋보이게 할 수 있겠어? 우리나라 사람들 자기 자랑에 아주 미숙하잖아. 잘난 척 하는 것 같고… 그러면서 연봉은 많이 받길 무지막지하게 원한다? 미치는 거지. 네가 만약 정성이 가득한 글과 대충 쓴 글 두 개의 이력서를 받게 돼. 너라면 둘 중 어느 것을 고르겠어? 두말 할 것도 없이 정성이 가득한 것을 고를 거잖아. 그건 아주 당연한 거라고. 그런데? 이력서나 자기소개서를 보면 아주 간단해요. 다른 사람들 거 보고 베낀 거 같아. 어쩜 그리도 비슷한지. 대부분 다 성실해. 긍정적이고, 사교성도 아주 높아. 친구도 많고. 내성적이고 친구 없는 사람은 찾아볼 수가 없어. 입사하려고 쓰는 자기소개서인데 좋은 말 쓰는 거 좋다 이거야. 근데, 어떻게 '긍정적'인 것을 믿어줄 수 있냐는 거지. 구체적인 사례가 없어. 그냥 자기는 긍정적이라는 거야. 믿어달라는 거지. 다들 믿어달라는 데 도대체 누구를 어떻게 믿어야하는건지…"

정성이 가득한 차별화된 자기소개서를 쓰는 것, 간단하다. 구체적으로 자기가 경험한 사례를 쓰면 된다. 대신 반드시 지켜야 할 기본이 하나 있다. 맞춤법을 꼭 검사하라는 것. 그리고 더 중요한 원칙 중 하나, 숫자를 쓰라는 것. 특히 영업사원에게 숫자는 매우 중요하다. 매출 숫자를 많이 만들어야 하는 영업사원이 숫자를 잘 모른다면 말이 될까? '1999년에 Y2K문제 이슈가 있어서 20개 고객들에 2번 이메일을 보내고, 응

답한 4곳의 고객들에게 3번 이상 전화를 했다. 그 중에 2곳에서 솔루션 구매 의사를 보여줬다. 1곳에 50,000,000원 매출 올렸다.' 채용 담당자들은 이런 표현을 아주 좋아한다. 구체적이고 숫자도 있고 본인의 경험도 들어 있다. 경력상의 성과도 들어있다. 안 좋아할 수가 없는 것이다.

그런데, 아래 자기소개서를 보자.

자기소개서

저는 한번 해야겠다고 생각하면 끝장을 보는 성격으로 열정이 남다릅니다. 게다가 성실해서, 초등학교, 중학교, 고등학교 모두 개근상을 탔습니다. 영특하지는 않지만 쾌할하다는 말을 어려서부터 친구들에게 많이 들었습니다. 그래서, 중학교 1학년에 인기투표로 반장이 되었습니다. 공부를 잘하는 편이 아니어서 선생님이 대학가기 어려울 거라고 하셨습니다. 그렇지만, 포기하지 않았습니다. 그래서, 이를 악물고 공부해서 남들도 다 포기하고 있었는데 대학에 들어갈 수 있었습니다. 군대에서는 2.5톤 트럭 운전했습니다. 직전에 다니던 직장에서 일신 상의 사유로 그만두고, 최근부터 구직 중에 있습니다.

열정을 다해 일할 준비가 되어 있습니다. 맡겨만 주신다면 최선을 다하겠습니다.

끝까지 읽어주셔서 감사합니다.

솔직하게 답해 보자. 독자가 채용 담당이라면 이 사람의 이력서를 채택할까? 아니라면, 왜인가?

나는 안 뽑는다. 성의 없기 때문이다. 더군다나 숫자가 딱 한 군데만 있다. 2.5톤 트럭. 심지어 업무와 관련도 없다. 운송회사에 기사로 응모하는 것이 아니라면 말이다. 또 앞 뒤도가 안 맞는다. 철자도 두 곳이나 틀렸다. 전 회사에서 왜 그만 뒀는지 이유도 없다. 채용 담당자가 아주 궁금해 하는 것 중 하나가 이직 또는 퇴직 사유임에도 불구하고 말이다. 제발 이력서나 자기소개서 쓸 때 조금만 더 성의 있게 쓰자. 이력서는 회사를 만나기 전 나의 첫 얼굴이다.

핵심은 가격이 아니다!

다섯번째 단계 : 사활

B2B SALES

지금 당장 리스트를 펼치자. 그리고 전화 걸자. 그리고 나가자. 곧 가뭄이 닥칠 내 '논'에 물을 대러 가야 한다. 안 그러면, 3개월 뒤, 반년 뒤, 굶어도 할 말 없다.

나는 고객의 성공을 만들어주는 세일즈맨인가

과연, 나는 고객에 '진정' 관심이 있었던가?

"비즈니스business라는 단어의 철자를 분해해보면 B-U-S-I-N-E-S-S가 된다. 이 단어에는 U너와 I나가 들어 있다. 실제로 U와 I가 BUSINESS에서 빠지면 비즈니스가 안 된다. 게다가 U너가 I보다 앞에 있고 I나는 묵음이다. I나는 들리지는 않고 보이기만 한다. 또한 비즈니스에서 U는 I의 소리로 발음되는데 이것은 U너와 I나의 이해관계가 뭉뚱그려 하나가 된다는 것을 의미한다. 너와 나의 이해관계가 적절히 융합되면 비즈니스는 조화롭고 수익성 높은 즐거운 일이 된다"클로징, p.131 인용.

U너는 사람이다. I나는 '사람'이자 '돈이 필요한 사람'이다.

어머니께서 가끔 나에게 이렇게 말씀을 하셨다. '돈을 쫓아가면 돈을 못 번다.' 과연 무슨 말씀일까? 돈 말고 무엇을 쫓아가야 한다는 걸까? 그럼, 세일즈를 할 때도 돈을 쫓아가면 안 된다는 걸까? 이해가 잘 가지 않았다. 세상에 돈이 목적이 아닌 세일즈가 있나?

세일즈는 사람을 상대로 한다. 사람이 없는 세일즈는 없다. 그럼, 사람을 쫓아가면 되나?

돈과 사람, 둘 다 버릴 수 없다. 돈만 쫓아가면 사람이 나를 버릴 것이다. 사람만 쫓아가다 결국 '돈 없는 사람'일 때 난감해진다. 돈과 사람의 이야기를 어떻게 정리할 수 있을까?

운동에 비유해서 생각해 보자. 골프에서 공을 칠 때, 눈은 무엇을 보고 있어야 하나? 그렇다. '골프공'이다. 공을 주시해야 한다. 그 다음 내 몸의 방향은? 공이 떨어지는 낙하지점, 목표지를 향해야 한다.

세일즈에서는? "눈은 사람을 보고 움직임은 돈을 향한다." 세일즈를 하면서 고객은 보이지 않고, 돈만 보이면 세일즈를 제대로 할 수 있겠는가? 고객을 만났을 때는 고객에게, 사람에게 초점을 맞춰야 한다. 그가 무슨 얘기를 하는지, 무엇에 관심이 있는지, 무엇 때문에 힘들어 하는지를 들어야 한다. 고객을 만나 들으려고 하지 않고 자꾸 자기 제품이나 서비스 얘기를 하게 되는 것도 바로 돈에 초점이 맞춰져 있으니 그렇다. 그저 빨리 팔고 가려는 속내가 드러나는 것이다.

내가 대학교 다니던 시절 한참 '락카페'가 유행했다. 선배, 동기, 나 3명이 그 때 당시 가장 '잘 나간다'는 'BOSS'라는 락카페에 갔다.

어쩌다 내가 술래가 돼서 여성들이 있는 테이블에 가서 합석을 해야 하는 임무를 수행하게 됐다. 우연히 운 좋게 한 번에 통했다. 2명이 온 테이블과 합석을 했고, 우리는 상당히 많은 얘길 나눴다. 그런데 막상 나갈 때는 선배가 2명 중 더 '퀸카'스러운 여성분과 함께 팔짱을 끼고 나갔다. 그 때 난 좀 황당했다. 얘기를 많이 한 건 나인 거 같은데, 별 말도 없이 가끔 뜻 모를 웃음을 짓다가 몇 마디 말만 주고 받은 선배와 마음이 통했다는 게 이해가 되지 않았다. '도대체 어떻게 된 걸까?' 선배가 시쳇말로 '외모가 받쳐주는' 스타일도 아니었는데 말이다. 나중에 알게 됐다. 내가 그 다음 얘기 할 것에 정신이 팔려 상대의 얘기는 듣지도 않았다는 것을.

지인 중에 유명 외국계 회사 임원인 K상무가 있다. K상무는 IT 업계에서 아주 유명한 세일즈맨 출신이다. 다른 회사의 세일즈맨들도 그 분이 담당했던 기업이나 기관에 영업을 하기 전에 그에게 묻는다. "제가 그 곳에 이러이러한 솔루션을 세일즈 하려고 하는데요. 어떻게 영업을 해야 할까요? 소장님 뵈러 갈 때는 무엇을 준비해 갈까요?"

한 번은 K상무와 모 대학병원의 전산과장과 함께 식사할 기회가 있었다. 전산과장에게 K상무가 정중하면서도 자연스럽게 물었다. "어떤 영업인이 좋으세요?" 나는 '뭐 이런 질문도 다 할 수 있나?'라고 생각했다. 그래서 대답을 안 해 줄거라 생각했다. 그런데 의외로 시원한 대답이 나왔다.

"나한테 프로젝트 만들어주는 사람이 좋아요. 여러 부서들의 사정도 파악하고, 필요한 사항들도 먼저 짚어주는 사람이 좋더라구요. 허허."

전산과장이 좋아하는 세일즈맨은 어찌 보면 단순하다. 쉬워 보이기도 한다. 그런데, 병원 사정을 속속들이 알지 않으면 어려운 역할이다. 그 역할을 하려면 단 기간의 세일즈로는 어렵다는 얘기가 된다. 제대로 알고 하라는 얘기도 된다. 무서운 바람이다. K상무는 왜 전산과장에게 "어떤 영업인이 좋으세요?"라는 다소 '쌩뚱'맞은 질문을 했을까? 프로젝트 만들어 주는 세일즈맨을 좋아하는 고객도 있구나 하는 것을 알고 싶어서 였을까? K상무는 지금도 '고객이 진짜로 궁금한 게 뭘까?'를 늘 고민한다.

고객은 구매할 때 생각보다 세일즈맨을 더 중시한다. 고객이 내 솔루션이 좋아서 사는 거로 생각한다면 착각일 확률이 70% 이상이다. '이 친구. 내가 믿고 사도 되는 걸까?'라는 생각을 더 많이 한다는 것이다. 그래서, 한 번 그 곳에 진입하고 신뢰를 이어가면, 그 곳은 내 '밭'이 되는 거다. 고객은 소위 '꽂히면' 내가 무엇을 들고 들어가도 '나'를 사준다. 사람은 판단과 결정에 있어, 생각보다 합리적이지 않고 생각보다 감정적이라고 한다.

"좋은 아이디어가 있으면 언제든 제안해 주세요. 우리도 성과향상을 위한 아이디어가 늘 필요해요." 우리 회사의 고객이었던 콜롬비아 출신의 미국인 매니저가 3년 전에 나에게 한 말이다. 고객은 자기를 위해 고민해 주는 사람을 좋아한다. 프로젝트 있으면 와서, 얼굴 비추고, 제안서 내는 그런 사람들은 너무 흔하게 널려 있기 때문이다.

8년 전 벤처기업에서 CRM 솔루션 세일즈를 할 때다. 매주 일요일 고객에게 IT 뉴스와 재미있는 얘기들을 인터넷에서 골라 취합했고 잠재 고객에게 보냈다. 나중에 고객들의 반응을 들어봤다. 대부분 시큰둥해 했다. 내가 고객을 위해 뭔가 하고 있다고 생각했고, 뿌듯한 기분으로 일요일의 달콤한 휴식을 포기하면서까지 일했는데 말이다. 시도는 가상했지만 고객들은 그런 류의 이메일도 이미 스팸 수준으로 여기고 있었던 것이다. 즉, 고객이 무엇을 원하는지 몰랐던 거다. 일정한 주기적 터치는 필요하지만 나의 메일이나 전화, 만남은 볼 만한 가치가 있어야 한다. 무턱대고 열심히 찾아가면 고객이 반겨줄 거라는 막연한 기대는 오히려 관계를 더 어색하게 만들 수 있다.

스스로 질문!

Q 나는 고객에게 어떤 세일즈맨인가? 고객에게 가치가 있는 세일즈맨인가?

A 프로젝트를 만들어 준다.

✓ 다른 곳의 좋은 사례를 바탕으로 고객에 맞는 솔루션을 제공해 준다.

✓ 고객이 실제로 프로젝트를 준비하고 진행하는 과정에서 예상되는 문제들까지도 짚어 주고 이끌어 준다.
✓ 고객의 가치를 지켜주고 만들어 준다.
✓ 고객 비지니스의 성공을 돕는다 또는 조직 내의 인정을 받도록 돕는다.
✓ 마침내 고객을 최고의 사람으로 만들어 준다.

자! 그럼, 지금부터 내가 해야 할 일은? 프로젝트 만들어 주러 가면 된다.

윌리엄 글래드스턴1809~1898과 벤저민 디즈레일리1804~1881는 둘 다 영국 총리를 지냈다. 둘은 서로를 싫어했는데 정책뿐만 아니라 성격/기질도 대조적이었기 때문이다. 마침 이 둘 모두와 식사한 적이 있는 여성이 있었는데 그는 이들을 이렇게 평가했다. "나는 글래드스

턴이 영국에서 가장 똑똑한 남자라는 것을 느꼈고, 디즈레일리는 내가 영국에서 가장 똑똑한 여자라고 느끼게 해줬다.” 이처럼 대화는 좋건 나쁘건 대조적인 결과를 낳을 수 있다.

사람 이름과 얼굴을 잘 기억하는 것으로 유명한 빌 클린턴 전 대통령은 수다와 가십의 달인으로도 명성이 높다. 그는 간단한 질문 몇 가지로 상대편을 ‘우주의 중심’에 있는 것처럼 느끼게 한다. 디즈레일리와 같은 재주다.

무심코 넘긴 고객의 고통

얼마 전 배탈이 몹시 심하게 나서 병원을 찾았다.

"어디가 불편하세요?"

"배탈이 심하게 났나 봐요. 어제 심하게 토했습니다."

"비슷한 증상으로 아픈 적이 있나요?"

"2주 전쯤에 비슷한 증상이 있긴 했는데 어제처럼 안 좋진 않았어요."

"지금은 어때요?"

"좀 낫긴 한데, 어제 토할 때 피가 나서 걱정이 되네요."

"피가 나오는 것은 좋은 신호가 아닙니다. 어디, 침대 위에 올라가 보세요."

청진기를 좀 대더니 '청진기 상으로는 알 수 없겠는데, 약을 좀 먹어보고 며칠 후에 내시경 한 번 해보자'고 한다. '지금은 내시경 환자가 많이 밀려서' 어렵다며.

"지금 내시경 할 수 있나요?" 내가 먼저 물었다. "2시간 넘게 기다리셔야 할 수도 있는데요?" 의사의 말에, "기다리겠습니다."라고 답한다.

고통은 구매를 위한 가장 좋은 신호라고 한다. 소위 ‘지름신’은 바로 옆에 대기하고 있다가 ‘고통’이 확인되면 바로 ‘강림’한다. 독자는 혹시 스트레스가 고조될 때 구매에 대한 강한 충동을 느껴본 적이 없는가? 스스로 물어보자.

‘고객의 진짜 고통은?’

‘고객이 가격만 싸면 된다고 했는데, 실제로 그럴까? 그 외에 다른 사회적 이유나 배경에 있는 고통은 없나?’

여기서 주의할 점은 내 고통이 아니라 고객의 고통에 초점을 맞추는 것이다. 내 제품이나 솔루션에 맞춰 고객을 바라보는 것은 금물이다. 고객이 어디가 아픈지 확인하자. 고객 스스로 고통만 확인되면 고객이 먼저 지른다.

“최종 검토에 들어가기 전 미리 상영해 드립니다. 자, 자, 앉으세요.”

"어떠세요? 재미있으셨나요? 지금 결정을 하지 않으시면, 나쁜 결과를 예측할 수밖에 없습니다. 어떻게, 나중에 천천히 진행하시겠습니까?"

고객은 9월에 신제품 발표가 있다. 그렇다면 8월에는 모든 준비가 되어 있어야 한다. 5월까지 프로모션 계획을 수립하고, 6월에 준비하고, 7월에 설치에 들어가야 한다. 이러한 모든 일정을 나누고, '일정대로 하자면 다음 주 안으로 결정이 돼서 5월 첫 주에는 발주가 되어야 한다.'는 것을 공유한다. 그리고 제 때 진행이 안 되면 '9월 신제품 발표일'에 모두 폭탄을 맞을 지도 모른다는 것을 느끼게 해주자. 안 되었을 때를 담당이나 임원의 머리 속에 상상해 볼 수 있도록 한다. 공포만큼 사람의 수요를 자극하는 것도 없다.

이런 일을 하는 내가 나빠 보인다? 지금 결정하지 않아도 일정을 완벽히 또는 그 전에 맞춰줄 수 있는가? 아니다. 고객을 제대로 도와주려면 제 때 움직일 수 있도록 해 줘야 한다. 세일즈맨의 아주 중요한 역할 중의 하나다. 타이밍이 맞지 않는 비즈니스가 성공적이라고 아무도 말할 수 없다.

소프트뱅크 손정의 회장이 게임기 사업을 하며, 게임기계를 들여놓도록 영업을 다니던 때의 얘기다. 담당자와 얘기가 통하지 않으면 직접 경영자를 찾아가 담판을 지었다일본의 제일부자 손정의, p.179 참조.

"젊은 친구, 도대체 무슨 말을 하는 건가?"
"간단합니다. 저는 지금 사업을 하고 싶은 겁니다."

경영자는 게임기 따위를 놓으면 가게의 분위기가 흐려진다고 했다.
"그러니까 이 가게는 문제가 있다는 겁니다."
"뭐라고? 그게 무슨 소린가?"
"빅토리아 스테이션에서는 이미 이 기계를 설치했단 말입니다."
당시 최고의 스테이크 음식점이던 빅토리아 스테이션의 대기실에 똑같은 게임기가 놓여 있다는 점을 강조했다. 결국 경영자는 다른 가게처럼 그의 제안을 수락할 수밖에 없었다."

세일즈 대가라고 하는 지그 지글러도 『클로징』에서 말한다.

"주위의 정말로 뛰어난 세일즈맨들이 있는가? 그들은 정상이 아니다. 적어도 수주 직전에 그렇다. 그런데 구매자도 마찬가지다. 구매 의사 결정을 내리는 순간 고객의 맥박은 정상이 아니기 때문이다."

"대부분의 고객들은 결정 내리기를 두려워한다. 고객의 두려움을 당신과 같은 전문 세일즈맨의 존재감으로 포근히 감싸주라. 당신은 고객에게 적절한 정보를 제공함으로써 올바른 구매를 하고 있다는 확신을 심어줘야 한다. 그리하면 고객은 좀 더 편안한 마음으로 '계약서 보내주세요.'라고 말할 수 있다."

"Close계약을 성사시키다'는 C로 시작한다. 여기서 C는 'conviction확신'을 의미한다. Close에서 C를 빼면 'lose잃는다'가 된다."

– 지그 지글러 '클로징' p. 123, 262 인용

깔끔한 마무리를 위해, 그리고 흔들리는 고객을 위해 '공포 영화'도 필요하다면 미리 상영해줘야 한다. 그리고, 따뜻한 '나만의 대안'

으로 감싸줘라.

한편, 명심할 것이 있다. 안 통하는 사람도 있다는 것. 아무리 두려워도 안 살 사람은 안 사고, 담배 계속 피울 사람은 피운다. 어찌 하겠는가? 그래도 그냥 그렇게 살겠다는데. 사람은 다양하다. 처음에 통하지 않았다고 슬퍼할 필요 없다. 통할 사람이 많이 기다리고 있기에.

마지막으로 최종적으로 멋진 사례를 보여준다. 숫자도 좋다. 사진도 좋다. 다른 고객들의 칭찬이 담긴 동영상도 좋다.

고객의 고통을 무심코 넘기면? 기회가 날아간다.

'수주' 확률을 높이는 질문들

이제 수주를 남겨두고 있다. 마음은 '동동동' 울리고 있다. 머릿속에서는 이미 도장을 찍고, 계산서를 끊고 있다.

'이번 건 수주하면, 올해 보너스가 최소 천 만원은 되겠지? 밀린 빚도 좀 갚고, 그 다음엔 차도? 아냐, 차 바꾸기엔 너무 적어. 그럼, 뭘 하지?'

즐거운 상상에 빠진다.

"이 과장님, 오늘 오후에 잠깐 사무실로 오실 수 있나요?" 반가운 김 부장의 전화다.

"아, 네. 계약서 들고 갈까요? 하하."

"아뇨, 일단 오시면 말씀드릴께요."

"네. 부장님. 오후에 뵙죠." [채 부장의 말투부터가 공손하네. 어감도 왠지 찝찝하고, 불길한 예감 …]

"이 과장님, 실은 말이죠. 그게 … 구매 건이 내년으로 연기가 됐네요. 사장님이 투자 금액이 너무 높다고 생각해보자고 하십니다. 이를 어쩌죠? 완전히 취소된 거는 아니니 너무 낙심하지는 마세요."

"네???!!!"

'왜 불길한 예감은 이다지도 적중률이 높단 말인가? 그럼, 나보고 어쩌라고? 지난 주 저녁에, 2차에, 3차에, 그건 왜 먹은 거야? 이 한 건에 반년 동안 매달리느라 다른 거 아무 것도 못했는데, 이제 와서 어쩌라고? 실적 깨지고, 보너스 날라가고, 잘릴 지도 모르는 데… 뭐야 이거.'

눈 앞에 한강이 보이고, 그 위에 가족의 모습이 '오버랩' 된다.

위의 이야기는 내가 그리고 내 주위의 많은 사람들이 경험하는 '경악'이다.

계약서에 도장을 찍고 발주를 받기 전까지 모든 것은 그저 '꿈 속의 황금 돼지'라는 것을 잊어선 안 된다. 마음이 아무리 앞으로 달려가고 싶어 해도 붙잡고 다시 한 번! 다시 한 번 더 살펴 보자.

고객 마케팅팀 김 부장의 '투자대비성과'에 대한 우려는 풀렸나?

다른 팀들의 거부감 때문에 '갈팡질팡' 하던 구 상무는 더 이상 마음이 흔들리지 않을까?

기술검토 회의시간에 예외 없이 이상한 질문을 하는 기술팀 황 부장은 이제 이유 없는 '딴지'를 걸지 않을까?

우리의 스폰서이자 담당 매니저인 지 팀장은 모든 복병들을 뚫고 갈 정도로 충분히 확신에 차 있고 결정을 내릴 '높으신 분'의 신임을 얻고 있는 건가?

내가 내부의 관련 팀들과 적절하게 접촉한 건가?

고객 프로젝트의 마지막 단계 '수주', 체크포인트들을 점검해 보자.

Check point 1 고객이 만족할 만한 수준으로 모든 사업적 그리고 기술적인 장애들을 망라했는가?

✓ 고객 마케팅 팀의 '중소규모'시장 진입 시 결과에 대한 우려, 시스템 도입 시 사용자들의 거부감은 없는가? 이번 사업이 다른 사업 건들에 밀리지 않을 우선 순위를 갖고 있나?

Check point 2 내 제안이 이번 사업(프로젝트)을 원활히 진행하도록 고객에게 충분히 도움을 주고 있는가?

✓ 비용은 예산 범위 안? 견적 세부내역에 해외출장비 항목 포함, 프로젝트 기간이 2개월 1차 완료 후 2주 최종점검 4월 1일 가동되는 것으로, 투입인력에 '유능한' 과장을 반드시 넣기로 등

Check point 3 내가 내부의 관련 팀들과 적절하게 접촉하고 있는 건가?

✓ 예전 프로젝트의 경우 1억원 정도의 규모로 진행되는 건이 문제된 적은 없었나? 그때 최종 승인자가 소 부장? 소 부장의 주요 관심사항은 승진 …

✓ 갑자기 임원 라인을 타고 들어와서 업체가 바뀐다고 할 가능성은 얼마나 되나?

✓ 관련된 모든 사람과 접촉했나?

✓ 구매 팀장은 이번 건 진행에 1차적으로 동의했나?

✓ 구 상무의 구두 승인은 내부적으로 어느 정도나 효력이 있는 건가?

큰 기업이든 작은 기업이든 각 회사 나름의 조직 구성이 있다. 문화도 있다. 담당자는 '내가 다 결정합니다.'라고 했지만, 나중에 결재를 받아야 하는 사람이 있으면 황당하다. '우리 팀에서 하는 거니까, 우리만 오케이 하면 끝나요.'라고 했는데, 그 분도 몰랐던 거다. 현지 주재원의 승인이 있어야 하는 것을.

이런 일 들을 마지막 단계에 가서 많이 겪는다. 그래서 5단계 '수주'로 가면 마무리될 확률이 오히려 50%로 떨어진다고 얘기하는 거다. 세일즈맨들이 사색이 될 확률이 최소 50%라는 거다. 복병도 많고, 변심도 많다. 구매 직전의 고객은 정상이 아니다.

"총무팀에서는 이 제안이 만족스러우실까요?"라는 식의 질문을 던져야 한다.

"글쎄요. 아마 가격을 조금 더 깎자 할거 같은데요."라고 답할 확률이 90% 이상일 것이다.

10억짜리 초콜릿

“아! 이러시면 안됩니다.” 세일즈맨 S부장이 자동차 트렁크를 여니 박부장의 얼굴이 갑자기 붉어지며 정색을 한다. “초콜릿이에요. 부장님. 이번 주말이 화이트 데이잖아요. 형수님과 따님에게 점수 좀 따 보시라고요.” “아, 네. 난 또 … ” 박부장은 안도하는 얼굴로 겸연쩍게 웃었다. “비싼 것은 아니지만, 그렇다고 흔한 것도 아니니 염려 마세요. 하하.” 하며, 세일즈맨은 박 부장에게 예쁘게 포장된 초콜릿상자 2개를 전했다.

세일즈를 하다 보면 '담당자를 어떻게 내편으로 만들까? 어떻게 꼬실까? 어떻게 내 마음을 잘 표현할까?' 등 고민을 하게 된다. 세일즈는 연애와 참 많이 닮았다. 점심? 저녁? 술을 진탕? 골프? 큰 선물을 하나 안길까? 뭐가 좋을까? 돈은 불법이고 암암리에 한다 해도 기분도 찝찝하다. 세일즈맨 S부장의 머리 속도 복잡해졌다. 현재 진행되고 있는 프로젝트 건의 영업 상황이 그리 좋지 않다. 제품의 기술력에는 자신이 있었다. 하지만, 프로젝트의 핵심 매니저인 박 부장이 마음을 열지 않는다. '같이 점심 드시죠? 저녁은 어떠세요?' 10번 이상을 들이대 봐도 그는 그 자리에 팀의 막내 사원을 보낼 뿐이다.

최근 1달 내내 마음은 답답하고 책임감의 무게는 거의 10톤 정도는 되는 것 같다. 곧 분기 마감에 1년 마감이 다가 온다. 이번 건이 깨지면 영업 목표 '숫자'를 채우는 것이 거의 불가능해진다. 10억이 넘는 규모의 프로젝트라 S부장의 회사가 거는 기대도 만만치 않다. 주말은 다가오지만, 마음은 오히려 더 답답하다. 맘껏 쉴 수도 없다. 가족도 챙겨야 하는데 마음은 더 갑갑해 진다.

그런데, '내가 부장님을 제대로 사람으로 봤던가? 배려하려 했던가? 그저 돈만 보고 '어떻게 하면 먹을 수 있을까?'만 고민을 하지 않았나?'라는 생각을 하게 됐다. 그리고 순간, 뭔가 번뜩했다.

'맞다!!!!!!' 화이트데이! 박부장님에게 초등학생 딸이 있지? 물론 부인도 챙겨야 할 거고, 최근에 이사한 집 문제로 크게 다투다 냉전 중이라고. 그래서, 고민이라 그랬어. 그래, 그거다!'

S부장은 바로 초콜릿 가게로 달려 갔다. 박 부장의 손에 들린 초콜릿상자 2개는 그렇게 해서 전해지게 된 거다.

그 다음 주, 박 부장이 S부장을 대하는 태도가 조금 달라졌다. 전에는 말도 먼저 잘 안 하던 박 부장이, '먼저' 웃음 띤 얼굴로 S부장에게 슬쩍 한 마디 던진다.

"고마워요. 그런데 우리 회사는 4월 납기가 중요한데, 맞출 수 있겠어요? 금액도 20%나 비싸고, 좀 잘 해봐요."

그러더니, 훌쩍 가버린다. S부장은 자기 귀를 의심했지만, 마지막 기회가 온 것임을 느낄 수 있었다. S부장은 회사를 설득해 4월 납기를 위한 본사 확인과 22%의 가격 인하를 더 받아냈다.

제안을 다시 준비했다. 그 다음 주, 최종 프리젠테이션까지 마쳤다. 이틀 후 S부장의 회사가 우선 협상자로 선정됐다. 믿을 수 없는 일이 벌어졌다. S부장의 회사에서도 난리가 났다. 구매부와 약간의 협상을 더 거쳤지만, 별 무리 없이 그 다음 주 10억 원이 넘는 금액의 계약서에 도장을 찍었다.

나중에 박 부장이 한 마디 해줬다고 한다. "그때화이트데이, 생각 잘 했어! 허허."

윗 글은 내가 아는 어느 멋진 세일즈맨의 이야기다. 나와 소주 한 잔 하면서 들려준 세일즈 성공기다. 만약 S부장이 의례히 하는 술 영업, 골프 영업, 뇌물만을 무기로 박 부장을 대했다면 어땠을까? 아마 계약서에 도장 받기가 쉽지 않았을 것이다. 초콜릿 하나가 모든 것을 바꾸진 못하겠지만, 적어도 박 부장의 마음은 열었다. 박 부장 대신에 여러 번 밥을 먹었던 막내 사원은 S부장 회사에 최하점수를 줬다고 한다. 밥과 평가가 반비례한 것이다. 세일즈를 하면서 사람과 그 사람의 전반적인 환경도 같이 봐야 한다. 그리고 고객을 이해해야 한다. 그 사람의 현재 고민이 뭐고, 무엇을 하고 싶어하는지를 말이다.

'DID로 세상을 이겨라'의 저자 송수용 대표는 껌 한 통으로 2,000만원 짜리 계약을 따냈다. 고객사 사장을 처음 만난 자리에서 3,000원짜리 자일리톨 껌 한 통을 내려 놓는다. "이게 뭡니까?" 사장이 묻는다. 이때 그는 "껌 입니다."라고 대답하지 않았다. 대신 "뇌물! 입니다!"라고 당당하게 얘기했다고 한다. 그러자? 웃음이 빵 터졌다고 한다. "우하하하하" 다같이 웃었고, 그는 2,000만원 짜리 계약을 따냈다. 물론 껌 한 통이 전부는 아니었겠지만, 그는 껌을 통해 고객의 꽁꽁 언 마음을 열었던 것이다.

비싼 선물, 큰 돈 쓰는 세일즈가 세일즈 성공의 전부는 결코 아니다.

세일즈 파이프라인 3할 법칙

2009년 12월, 모 전자 대기업에서 전화가 걸려왔다.

"지사장님, 파이프라인 관리 사례에 대해 강의 좀 해줄 수 있을까요?"

'우리나라 굴지의 대기업에서 나 같은 사람에게 그런 부탁을 하는 이유가 뭘까?' 궁금증을 안고 가서 얘기를 나눠보니, 그 이유를 알 수 있었다. 그 대기업에서 조차도 세일즈 파이프라인을 제대로 관리하고 있지 않았던 것이다. 놀라웠지만 사실이었다. 외국 회사에서 관리하는 기법을 나눠주길 원했던 거다. 회사일 때문에 늦은 시간에 진행했지만 듣고자 하는 그 분들의 열정은 2시간이 넘도록 뜨거웠다. 최근에 만나 보니, 지금은 전보다 훨씬 잘 하고 있었다. 이제는 한층 더 높은 차원으로 파이프라인을 생산과 연계하는 단계를 밀도 있게 준비하고 있다.

이 책의 앞 부분 '진입' 부문에서도 3할 법칙이 적용되는 얘기를 나눴다. 중요하기에 한 번 더 반추해 본다.

나의 수주 확률은 몇 퍼센트일까? 100%? 이 세상에 100% 수주 확률을 가진 사람은 존재하지 않는다. 적어도 인간 세상에선 말이다.

그럼, 나의 '세일즈 파이프라인'이 얼마나 있으면 될까? 아래 세일즈 깔대기Sales funnel를 보자. 영업기회를 얻는 통로는 다양하다. 다양한 통로를 통한 영업기회들이 세일즈 깔때기 안에 들어오면 얼마 정도나 수주로 이어질까?

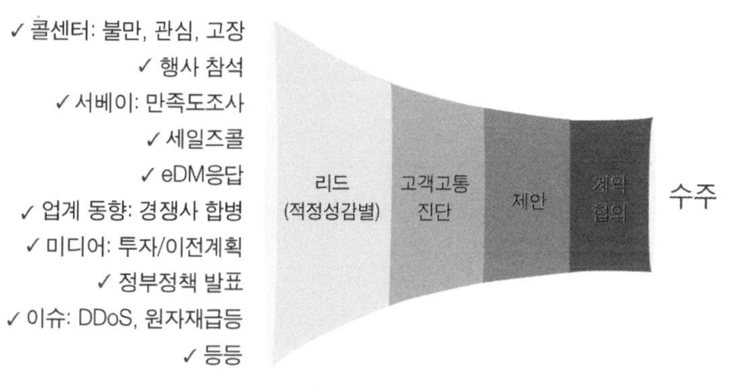

야구에는 3할의 비밀이 있다고 한다. 3할 타율이라고 하면, 10번 치면 3번 안타를 친다는 얘기다. 타격의 수준을 가늠하는 기준이 된다. 3할 5푼만 되도 투수는 던질 곳이 없다고 푸념한다고 한다.

영업기회를 얻고 수주하기까지 나 자신의 성공 확률이 얼마나 될 것 같은가? 바로 답을 내리신 독자라면, 앞으로 본인이 반드시 성공할 것이라는 믿음을 가져도 좋다. 그 만큼 세일즈에 대해 고민하고 분석하고 방안을 생각한다는 뜻이기 때문이다.

외국계 선진 IT 기업들의 사례를 참조하면, 10건의 세일즈 파이프라인 중 수주에 이르는 비율은 보통 30% 이하다. 앞서 얘기한 바다.

그럼, 이 경우 1건의 수주를 위해서는 몇 개의 파이프라인이 필요할까?

그렇다. 3개 이상 필요하다.

그럼, 내 매출 목표가 1억 원이면, 내가 분기를 시작하는 시점에서 가지고 있어야 할 영업기회는 총 얼마여야 할까?

그렇다. 3개 이상의 총 3억 원의 영업기회가 있어야 한다.

3억 원짜리 하나가 아니다. 3억 원짜리 하나 실패하면, 분기 마감 시점의 나의 실적은 '0'이 될 수도 있기 때문이다.

물론, 이 계산에는 영업기회가 최초로 포착된 시점에서부터 수주 시점까지의 기간은 제외되어 있다. 참조로, IT 업계의 경우 그 간 파악된 B2B 세일즈에서 평균 순환기간Cycle은 약 90~180일 정도이다.

지금 나는 잘 하는 거 같은데, 듣고 보니, 지금 본인의 세일즈 파이프라인이 부실해 보이는가?

지금 당장 리스트를 펼치자. 그리고 전화 걸자. 그리고 나가자. 곧 가뭄이 닥칠 내 '논'에 물을 대러 가야 한다. 안 그러면, 3개월 뒤, 반년 뒤, 굶어도 할 말 없다.

B2B에도 빅데이터가 있다? 쪼개보면 보인다

곤충에게 빨간 자동차란 없다. 대신 우리가 못 보는 자외선을 볼 수 있다. 따라서 우리가 보는 꽃 색깔과 곤충이 보는 꽃 색깔은 다르다. 스킨스쿠버 다이버들은 반드시 마스크를 착용한다. 우리의 눈은 공기 층을 통해서만 제대로 선명하게 볼 수 있기 때문이다. 물과 공기 속에서는 빛의 굴절률이 다르다. 따라서 마스크의 유리를 통해 빛이 통과할 때 빛이 굴절해 수중에서의 물체는 실제 위치보다 25% 가까이 그리고 33% 더 크게 보인다. 그래서 갓 입문한 다이버들은 충분히 닿을 것 같은 곳에 손을 뻗지만 실제로는 닿지 않는 경험을 한다서대문자연사박물관 이정모 관장, 2016년 3월 중앙SUNDAY 기고글 중.

눈에 보이지 않는 변화는 눈에 보이는 변화보다 크다.

"인간의 귀는 '큰 소리'를 들을 수 없고, 인간의 눈은 '큰 형상'을 볼 수 없다. 그러니 인간의 머리로는 '큰 지혜'를 알아듣지 못하여 그것이 바보스럽게 여겨짐이 당연하다"

— 바보 Zone차동엽, p. 29

삼성그룹 설립자 고 이병철 회장은 '시대의 흐름을 예리하게 통찰하라.'는 얘기를 남겼다. 우리는 어쩌면 상대방이 전혀 관심 없을 만한 이야기를 하고 있거나, 고객의 지향점과 먼 방향으로 제품을 개발하고 있거나, 얼마 있지 않아 사라질 일을 하고 있을 지도 모른다.

이제 세상은 미래를 예측하려고 한다. 방대한 데이터의 분석을 통해 '실제로 닿을 가능성이 매우 높은' 유용한 규칙이나 패턴을 찾아내는 것이다. '기저귀를 산 고객은 맥주를 살 확률이 높다'는 이야기를 한 번쯤 들어봤을 것이다.

기업 고객은 무엇을 원할까?

요즘의 화두인 '빅데이터'라는 말 자체는 아주 최근에 눈에 띄게 많아진 키워드다. 그러나 고객에 관한 데이터를 수집하고 분석하는 행위는 그 이전에도기저귀와 맥주의 관계처럼 있었지만, 최근 들어 수집하는 데이터의 양이나 범위내/외부가 방대해졌다 라는 차이가 있을 것이다.

센트리카Centrica라고 하는 영국 최대의 전력회사의 예'빅데이터의 충격—시로타 마코토 지음'에서 인용를 살펴보자. 센트리카는 스마트 계량기의 도입을 통해 고객의 검침과 신고 부담을 최소화 함은 물론 스마트 계량기가 보낸 데이터를 분석해 경쟁사와의 차별화를 노리는 데 필요한 다양한 시도를 했다. 그 중 하나가 고객의 에너지 소비 패턴 분석이다.

"센트리카에서는 30분에 한 번씩 고객으로부터 받는 스마트 계량기의 데이터를 SAP의 'HANA'라는 인메모리 데이터베이스를 사용해 분석한다. 스마트 계량기 도입 수를 150만이라고 하면, 1회 검침으로 150만 건의 데이터가 발생한다. 검침은 하루에 48회 이루어지므로 하루 데이터 처리 건수는 150만 건×48로 7,200만 건이다. 연간으로 계산하면 7,200만 건×365일로 263억 건에 이른다. 기본적으로 텍스트 기반 데이터이므로 1회 데이터양은 50바이트 정도다. 연간 약 1.2테라바이트의 양으로 그렇게 크지 않은 점을 생각하면, 센트리카의 데이터는 데이터양보다는 발생 빈도에서의 '빅데이터'로 이해해야 할 것이다."

[스마트 계량기의 대량 데이트를 활용한 패턴 인식의 예]

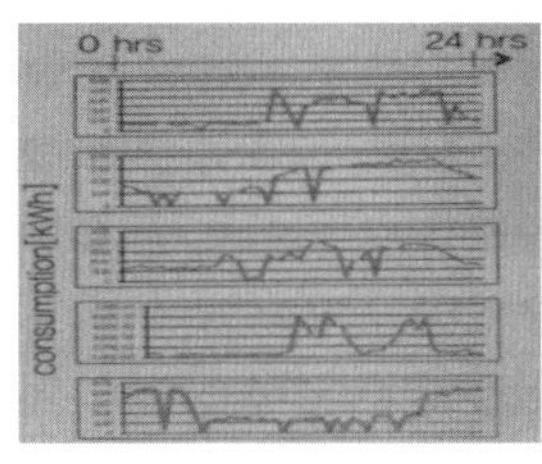

고객의 에너지 소비 패턴을 분석해 고객 그룹화, 요금 메뉴 개발, 장래 소비 동향 예측에 활용

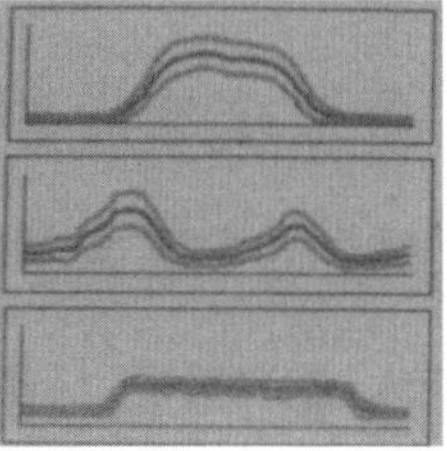

1일당 수천만 건을 넘는 대량 데이터

1. 에너지 소비패턴에 관한 많은 데이터에는 고객이 더 나은 에너지 관리를 하기 위한 가치 있는 정보가 포함되어 있다. 하지만 단순히 계량기에서 데이터를 가시화하는 것만으로는 불충분하다.
2. 메모리 안에서의 패턴 인식 알고리즘은 많은 프로파일 데이터의 고속 처리 덕분에 고객의 사용 패턴을 요약한다.
3. 몇백만이나 되는 계약자의 데이터를 일일이 확인하지 않아도 전형적인 몇 가지 사용 패턴만 살펴보면 고객의 행동 특성을 파악하기에는 충분하다.
   이러한 사용 패턴은 다음처럼 활용한다.
   - 사용 데이터에 바탕을 둔 고객의 그룹화
   - 요금 메뉴 개발
   - 계량기에서 수집한 데이터의 타당성 확인
   - 장래 소비 동향 예측

출처: SAP 자료.

제조업은 어떻게 빅데이터를 활용할 수 있을까?

제조업에 좋은 참조가 될 만한 코마츠매출기준 세계 2위의 일본 건설기계 회사의 사례를 살펴보자빅데이터의 충격' 인용. 전 세계 매출 비중 중 일본 매출이 16%에 지나지 않는데도 다른 기업보다 글로벌화를 앞서 추진한 회사란 점에 주목할만하다.

"코마츠가 이렇게 글로벌화에 성공한 원동력은 '콤트랙스KOMTRAX'라는 건설기계 가동 상황을 원격 감시할 수 있는 시스템에 있다. 콤트랙스는 건설기계에 GPS와 각종 센서를 장착해 기계의 현재 위치, 가동 시간, 가동 상황, 연료의 잔량, 소모품 교체 시기 데이터를 수집해 위성 통신이나 휴대전화 통신으로 전달하며, 최종적으로 인터넷을 거쳐 일본 코마츠의 서버로 보낸다. 세계 각지의 판매 대리점과 고객은 코마츠의 서버에 접근해 자기 지역의 데이터를 확인할 수 있다."

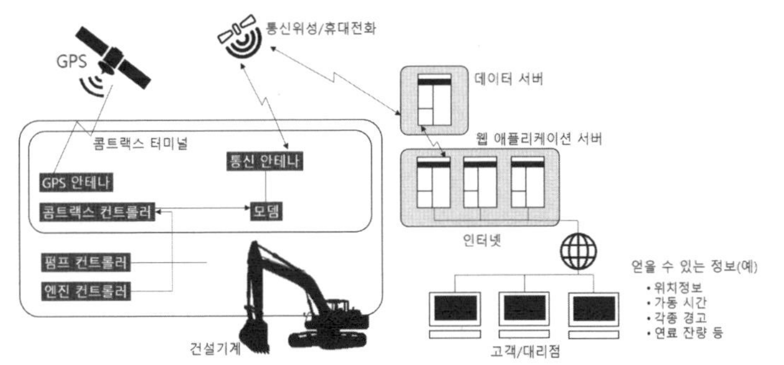

출처: 코마츠 '2010년 3월 연례 리포트'.

"코마츠가 콤트랙스를 구축한 사례에서 얻을 수 있는 핵심은 '가공되지 않은 수집 데이터로부터 어떤 통찰을 얻을 것인가?'하는 점이다. (… 중략) GPS로 어느 지역에서 기계의 가동 시간이 늘어나고 어느 지역에서 감소하는지 파악할 수 있으므로, 수요 동향을 예측하고 재고와 생산량을 적절히 제어할 수 있다. 실제로 2004년에 중국 정부가 실시한 금융 긴축의 영향으로 건설기계 수요가 많이 감소해 다른 건설기계 제조 기업이 과잉 재고에 고민하고 있을 때도 코마츠는 독자적인 가동 실적 데이터로부터 이변을 감지하고 미리 공장 설비를 3개월간 멈춰 재고가 쌓이는 것을 피할 수 있었다고 한다."

B2B, 세일즈 데이터의 분석만으로도 큰 성과를 얻을 수 있다?

[2014. 4. 29일자 전자신문 기사 인용]

"기업에서 이미 이용하고 있는 데이터 수집 도구는 기업의 중요한 전략에 관한 여러 질문에 대한 적절한 해답을 제시한다. 이렇게 기업이 수집하고 분석한 다양한 데이터베이스는 기업의 마케팅 전략 수립 과정에 매우 중요한 단서가 된다. 기업 성공 방향을 제시하는 결정적 역할도 한다.

IBM은 미국에서 커피제조 기계를 만드는 캐피Kaffee라는 기업의 예를 들었다. 이 회사는 판매원의 수를 늘리지 않고 판매량을 증가시키는 여러 가지 방안을 생각해냈다. 회사 세일즈 부서가 고객들과의 여러 활동을 조사 분석한 결과, 고객의 행동 양식을 자동으로 예측하는 보고서를 만들었다. 이 보고서를 토대로 고객 각각의 상황에 맞춰 적절한 세일즈 활동만을 중점적으로 진행하는 전략을 썼다. 판매원 수를 늘리지 않고 성과를 올리려는 원래의 목표를 성공적으로 달성했다.

그렇다면, 어떻게 빅데이터를 활용해 우리 기업도 비슷한 성공을 거둘 수 있을까? 우선 기업의 현재 상황에서 가장 중요한 핵심 목표는 무엇인가를 살펴본다. 매출 증가인지 비용 절감인지를 파악한다. 이러한 다양한 목표를 위해 여러 사업부서 활동이 잘 수행되었는지, 어떻게 모니터할 수 있는지를 살핀다. 이런 중요한 질문에 스스로 명확하고 분명한 대답을 할 수 있는지 고민한다. 만약 그렇지 못하다면 이런 통찰력을 갖기 위해 유용한 데이터를 만들고 이를 비즈니스에 이용할 수 있는 어떠한 도구와 과정이 필요한지 고심해야 한다.

기업 설립자나 대표 책임자로서 어떠한 결정을 내리든지 이것 하나만은 분명할 것이다. 기술의 발전으로 이제 누구나 기업 규모에 상관없이 빅데이터를 이용할 수 있는 기회가 열렸다. 그리고 그 누군가는 그것을 이용해 보다 현명한 비즈니스 결정을 내리며 활용한다."

B2B 빅데이터의 분석, 소셜도 포함이 되나?

B2B 세일즈를 위한 기업 고객에 대한 통찰이 필요한 시점임을 강조해 왔다. B2B 고객은 한 사람만의 생각으로 구매가 결정되지 않기에, 일반적으로 알려진 개인 고객Consumer 행동패턴으로 구매 예상을 하기가 어렵다. 하지만 다른 시각으로, 기업 고객 내에는 '사람'이 있다. 사람 한 명에 의해 의사결정이 이뤄지지 않는 경우가 많지만, 그 사람도 조직 밖에서 보면 똑같은 '사람'이다. 그 사람을 간과할 수 없는 것이다. 그래서, 나는 최근 강의나 발표 자료에서 B2B2C하나하나의 의견을 가진 consumer로서의 사람을 향하는 B2B를 강조해 오고 있다.

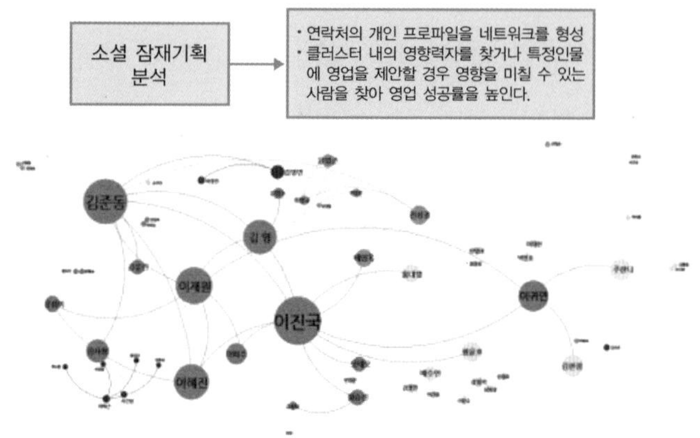

세일즈하는 나a salesman로서 보면 개인 프로파일을 활용한 네트워크 분석이 가능해 진다. 이것을 기업차원으로 확대하는 것도 물론 가능하지만, 개인정보에 대한 이슈가 미묘하게 존재한다. 아직은!

기업 고객들의 구매를 예측할 수 있다면?

누가 잠재적으로 구매력이 큰 기업/기관 고객인지 알 수 있다면? 잠재적으로 구매력이 큰 고객들이 주로 관심있는 분야를 알 수 있다면? 그들이 주로 참여하는 행사나 관련 단체는? 그들이 주로 사용하는 언어는?

우리는 이러한 질문들에 대한 답을 원한다.

출발, 관심분석부터

고객들이 쓰는 언어는 무엇일까? 질문 하나에 따라 결과가 달라지고, 관심 컨텐츠에 따라 반응이 달라진다. 우리 회사의 최근 세일즈 경험 중에, 호텔업계에서 사용하는 직급 중 하나에 해당하는 DOSM라는 단어 하나와 핵심 컨텐츠가 준 효과를 체감했다.

1. 호텔 고객들을 대상으로 마케팅과 세일즈 전개를 했다.
2. 호텔 담당 진입 단계부터 어려움을 겪었다.
3. 진입 단계의 언어를 바꿨다. DOSM(Director of Sales & Marketing)이라는 언어를 쓰고, 업무 관련하는 직원이 관심이 있을 만한 업무 관련 컨텐츠(Killer contents)를 강조했다.
4. 결과는 대성공이었다. 그간 경험해온 고객 반응 중 가장 뜨거운 호응을 얻었고, 세일즈는 현재 큰 기회로 이어나가고 있다.

아래 노드 그래프는 아래와 같은 '세일즈 가이드'를 내포하고 있다.

- ✓ 고객들에 대한 영업활동 로그 및 노트 등 관련 텍스트를 분석하여 관심 있어 하는 주제어를 발견
- ✓ 예정 영업활동에 주요 키워드 제시
- ✓ 비슷한 고객을 그룹 지어 연관 키워드 분석에 기반한 연관 분야 영업, 추가 영업으로 매출 증대 효과

[IT이슈들을 기반으로 세일즈 로그를 분석한 '키워드 노드 그래프' 예]

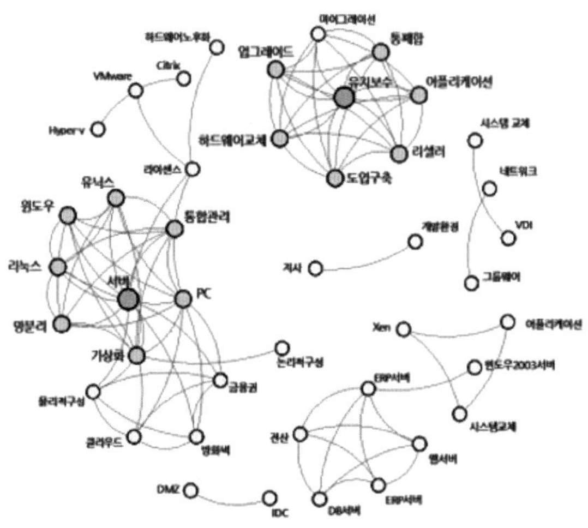

간단 프로파일 분석으로, '잠재기회'를 찾아 갈 수 있다!

고객사 중 한 곳이 잠재 고객군의 우호도를 확인하는 작업을 했다. 그것을 통해 우리는 무엇을 어떻게 얻을 수 있을 것인가?

[예시]

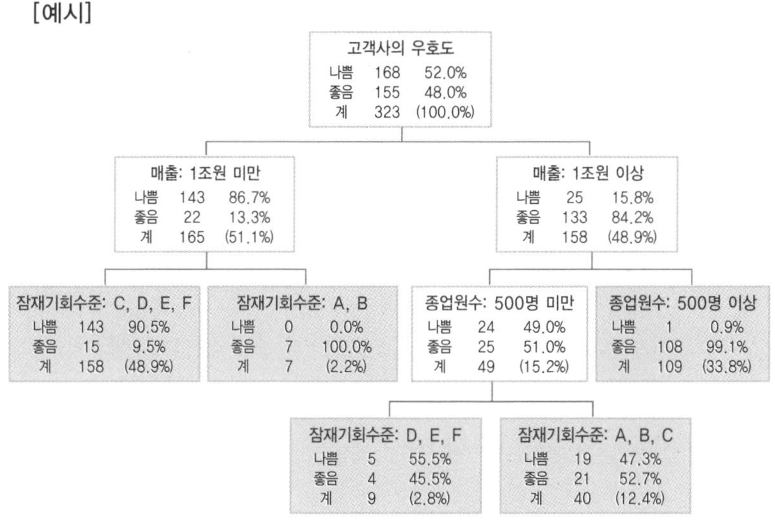

✓ 고객사의 우호도가 〈좋음, 나쁨〉의 두 개의 범주 값을 가짐

✓ 과거의 데이터를 통하여 우호도의 분류 모델을 생성

✓ 새로운 고객에 대하여 앞으로의 잠재기회 수준 분류

이러한 과정을 통해, 과연 매출의 예측도 가능할까? 물론이다. 구매로 이어진 영업기회와 어카운트기업/기관 데이터의 분석을 통해 상당히 정확히 예측할 수 있다. 이러한 분석은 위의 여러 가지 분석 작업들을 통해 더 많은 영업기회를 찾고, 만들 수 있도록 도울 것이다. 이런 B2B 빅데이터는 사실 이미 우리 곁에 있었고, 더 큰 물결로 우리 주위를 가득 채울 것이다.

'대학 졸업이 다가올 무렵, 무엇을 하고 살아야 할지 아직 정해지지 않아 마음이 불안할 때 집어든 책이 상당히 도움이 된 적이 있다. 그 글을 읽자마자 바로 나 자신에 대한 기록에 들어갔다. 내가 하루 24시간을, 일주일을, 한 달을 어떻게 보내고 있는지 자세하게 드러났는데, 내가 생각하는 나와 종이 위에 그려진 나의 모습은 너무나도 달랐다. 그것이 나라는 사람의 패턴을 그나마 직관적으로 바로 보게 된 첫 번째 경험이었다.' 줄리안리앤컴퍼니라는 회사의 대표이지현가 주간 미디어에 기고한 이 글을 읽다가, '나 자신'에 대한 '빅데이터 분석' 경험을 공감했다. 나 자신도 스케줄 로그의 관리와 분석를 통해 '나를 다시 보는 시간'을 갖곤 한다.

내가 알고 있는 나도 다를 수 있는데, 고객을 얼마나 알고 있다고 얘기할 수 있을까? 고객의 행동과 패턴도 우리의 생각과 완전히 다를 수 있다. 물론 고객 자신도 모른 채 말이다.

DB 세그먼트별로 어카운트 분석부터 차근차근히 밟아보자.

세일즈 긴급 처방전

"어이, 이 차장. 3개월 째 실적이 왜 이 모양이야? 이번 달 마감에 실적 못 채우면 전부 각오하라는 사장님 말씀 기억나지? 어쩔 셈이야?" 부장님의 목소리가 아직도 귀에 울린다.

"아 … 왜 숫자가 안 나올까? 3개월 전만 해도 안 그랬는데 … 도대체 뭐가 문제인 걸까? 홍 차장. 너 요즘 숫자 좋잖아. 얘기 좀 해 봐라. 어떻게 하면 되겠냐?" 동기 홍 차장 붙들고 소주 한잔 사주면서 방법을 찾아보려고도 해 본다. 평소 나의 자존심이라면 허락이 안 되는 일, 하지만 '각오해!'라는 사장님의 엄명이 떨어진 상황에 물불 가릴 때가 아니다. 미치고 환장하고 폴짝 뛰어버릴 것 같다. 좀처럼 답이 안 나온다. '내년 운은 어떨까? 혹시 지금과 같을까? 회사를 옮길 운세인가?' 누구 따라간 적은 있지만, 혼자는 절대 가지 않았던 '운명' 철학관에도 들렀다.

이 차장에게 단기처방, 중기처방, 장기처방전을 내린다면?

▸ 단기처방

지인들을 만난다. 만나서 숫자가 안 나온다고 솔직히 얘기한다. 그들이 당신을 사랑한다면, 그리고 당신이 그렇다고 믿는다면 적어도 몇 가지 실질적인 '영업거리'들을 가르쳐줄 것이다.

(주의사항: 단기처방은 모르핀주사다. 극심한 고통을 잠시 재우기 위한 것이다. 3회 이상 사용하면 인생 망친다. 나의 창창한 앞날을 위해서라면, 아주 급하다 판단 됐을 때 1회만 쓰자.)

▸ **중기처방**

그 동안 바쁜 시간 속에서 나도 모르게 묵혀 왔던 잠재 고객들 명단들을 꺼내 놓는다. 최근 이슈가 되고 있는 '관심거리'들을 모아 간결한 이메일을 만들어 보낸다. 다음 날부터 전화를 건다. 잘 지냈냐고 필요한 거 없느냐고 묻는다. 이 처방전을 시행하면 3개월 뒤에 효과가 나타난다. 반드시 믿고 해 보시기 바란다. 30곳의 잠재 고객을 다시 터치했다면, 그 중 3곳이 반응을 보일 것이고, 3곳 중 1곳은 구매를 할 것이다.

▸ **장기처방**

100곳의 음지 고객 리스트를 뽑아 본다. 프린트 한다. 책상 위에 올려놓는다. 심호흡을 세 번 길게 한다. '과연 여기서 뭔가 나올까?'라는 생각이 잠시 스칠 것이다. 그러나 '누가 알아?'라고 반문해 본다. 진짜 모른다. 터치를 해 본 적이 없기 때문이다. 그들에게도 기회를 줘야 한다.

맘이 급한데 이런 거 할 시간이 있나 싶을 수도 있다. 하지만 시간? 금방 간다. 지금 죽을 거 같지만 잠깐 눈을 감았다 뜨면 벌써 3개월 뒤, 6개월 뒤, 1년 뒤다. 장기처방을 시행하지 않고 그냥 간다면 1년 뒤에도 여전히 죽을 것 같을 것이다. 악몽의 연속이 될 것이다.

악몽이란 것은 끊기가 쉽지 않다. 그러니 오늘부터 실행을 하나 한다. '모르는 고객 매주 1곳 만나기' 그러다 보면 신기하게 일이 생긴다. 건너 건너 일이 생기고, 그게 연이 돼서 또 다른 일이 들어온다.

그들은 내 미래다.

세일즈맨은 고객 옆에 있어야 한다. 축구를 보면 그라운드에서 열심히 뛰는 선수에게 더 많은 공이 오게 돼 있다. 박지성이 산소탱크라 불리며 '맨체스터 유나이티드'에서 오랫동안 승승장구 하며, 잔인한 영국팬들이 'Central Park'이라는 애칭을 붙여주고 'Jisung Song'이란 노래를 부르며 사랑을 받았던 이유가 괜히 있는 것이 아니다.

나를 떠나면 다 고객이다

우리는 모두 인간이라는 '동물'이기에 '생존게임' 속에 있다.

오래 전에 어떤 외국계 회사 면접을 본 적이 있다. 홍콩에서 온 인사담당자들이라고 하는 사람들과 인터뷰를 했다.

"채용 후 3개월 내에 성과를 낼 수 있나요?"

'이 사람들이 미쳤나? 자기들이 한 번 해보지 그럼?'

"3개월 내 성과를 내는 것은 거의 불가능합니다. 최소한 6개월은 걸린다고 봐야 합니다. IT업계 특성 상 3개월은 너무 짧습니다. 적절하게는 1년 정도는 필요하다고 봅니다."

답을 하는 중에 자기들끼리 속닥거렸다.

'이 여자들은 인터뷰하다 말고, 자기들끼리 '뭐라 뭐라' 하고, 기본적으로 에티켓도 없으면서 어떻게 세일즈를 알겠나?'라는 생각이 들었다.

그런데, 지금 생각해 보면 참 떨어지기 좋은 답변을 했다. 아예 작정하고 장기 계획을 세우고 시작하는 곳이 아니라면, 경력 세일즈맨을 뽑으면서 1년 후에 성과를 내기를 기대하는 조직은 없다. 1년 동안 기다리다 해당 본부장이 짤리거나, 회사가 문 닫거나, 아니면 본인이 나오게 되거나 할 것이다.

최근에 이직을 했거나, 성과나 평판으로 인해 고민하고 있다면? 내부 영업을 포함하라. 즉, '시스템/프로세스/사람에 하루라도 빨리 익숙해지자.' 큰 조직일수록 이 부분이 그 무엇보다 중요할 때가 많다. 먼저 성과를 집계하는 시스템이 어떤 것들이 있는지 파악하라. 그리고 하루라도 빨리 시스템에 익숙해져라. 이전 회사의 시스템이나 구조는 이제 이 곳에서는 소용이 없다. 시스템이 없다 하더라도 조직마다 성과를 인식하는 기준이 있다. 아무리 세일즈를 잘하는 세일즈맨도 조직의 시스템을 모르면, '숫자'를 만들 수 없다. 그렇기 때문에 그 기준과 프로세스의 흐름에 있는 주체들과 관계를 발전시켜야 하는 것이다. 즉, 내부 영업이 매우 중요하다.

내가 매니저로 있던 팀의 한 세일즈맨은 영업지원 출신이었다. 세일즈맨들의 숫자를 시스템에 인식시켜주는 일을 했던 거다. 영업지원이었지만, 열정이 넘치는 친구였다. 본인이 희망하던 세일즈맨이 되고 나서도 영업지원 하는 분들과 가끔 식사를 하길래 '영업지원 하던 친구니, 어쩔 수 없나' 했다. 그 식사가 '정보와 숫자'라는 것을 그 땐 몰랐다. '진정한 세일즈맨이라면 진검 승부를 해야지.'라는 생각이 든다면, 그것 또한 틀린 것은 아니다. 하지만, 진검 승부만으로는 시간이 오래 걸리고, 인정받는 데도 이상하게 더디다는 것을 깨

닫게 될 것이다. 회사도, 팀장도, 나도 망하지 않고, 짤리지 않고 다니려면 당연히 매출과 숫자가 필요하다. 그래서, 세일즈를 잘 하는 분들을 보면, 시스템 어드민Admin/영업지원과 매우 친하게 지내는 것을 볼 수 있다. 세일즈의 기본 파악요소인 '유망고객', '잠재고객'이 어디 있는지를 알 수 있는 중요한 Source 중의 하나를 얻는 것이다.

'윗 분 챙기기도 바쁜데 …' 물론, 윗 분도 중요하다. 그런데, 그 분들이 숫자를 챙겨주지는 않는다. 영업지원 분들에게 가끔 밥도 사주고, 맛있는 것이 생기면 나눠 드시라. 시스템에서 흘려버리는 숫자도 주워서 넣어준다. 가끔 급하게 넣어야 되는 발주도 잘 챙겨준다. 그리고 이 분들과는 절대 싸우지 않도록 주의해야 한다. 대부분 여성이기에 감정이 매우 예민한 분들이다. 혹시라도, 세일즈 하는데 이 분들 일하는 게 마음에 안 드는가? 그럼, 상관과 얘기하자. 어떤 점이 불편한지. 그래서, 어떻게 개선해 줬으면 좋겠는지. 직접적인 대립은 피하고, 어려운 일은 윗 분들이 알아서 하게 하는 거다.

또 하나 중요한 점은, 이 분들이 내부 정보에 매우 밝다는 것이다. 내부에 변화가 생길 때 그것을 시스템이나 프로세스에 반영해야 하는 '지원'업무를 담당하는 분들이다. 이 글을 만약 임원 분들이 보고 있다면, 정보단속을 철저히 해야겠구나 생각이 들 것이다. 하지만 정보는 흐른다.

중요한 미팅이라면 매니저도 동석시키자. '내 어카운트 내가 알아서 하면 되지.'라고 생각이 들더라도 매니저의 존재 이유를 찾아주는 것도 스마트한 세일즈맨의 센스 중 하나라는 것을 잊지 말자.

"상무님, 다음 주 수요일 오전에 시간 되세요? 이번 W그룹의 그린 프로젝트 담당 임원이 미국 출장을 다녀오는데 화요일에 귀국한다고 합니다. 수요일에는 뭔가 중요한 변화가 있을 듯 한데요. 시간괜찮으시면 같이 가주시겠어요?"

"수요일 오전? 어디 보자. 시간 한 번 내 보자고."

'그래도 내 세일즈 능력이 쓸 만한 모양이네. 같이 가자 하고. 이번 사장님 회의에서도 할 얘기도 있겠네. 일석이조!'

조직에서 윗 사람들은 대부분 아랫사람이 어디 가자고 제안하면 웬만하면 거절하지 않는다. 자기가 그래도 써먹을 곳이 있다는 뜻이 되므로 일단 기분이 좋아진다.

아래 표는 우리에게 생각해 볼 만한 메시지를 전해 준다.

세일즈 매니저가 영업맨들과 보내는 시간 비율이다.

세일즈맨 [성과 범주]	매니저 [현장 공유시간]	현장 공유 목적
우등	50%	관계 강화 장애 요소 제거 추가자원 필요여부 파악 독려와 개발
신입	25%	교육 평가 감시
생존	10%	감시
열등	15%	대체인원 선발 주요 어카운트 파악

DISCOVER YOUR SALES STRENGTHS, 180p/Benson Smith & Tony Rutigiliano

이 표는 한 명의 매우 성공적인 매니저가 다양한 영업대표들과 자신의 시간을 '영업 현장'에서 보내는지를 보여 준다. 무엇보다, '생존' 범주의 사람들과 시간을 거의 보내지 않음에 주목하라!

끝난 것은 끝난 것이 아니다, 진화한다

수주는 드라마?

나의 지인 중의 한 분이 SybaseDatabase, SAP가 2010년에 인수 영업을 하던 시절. 그는 불모지였던 의료부문 시장에서 1년 반 만에 업계 1위를 달성한다. 강력한 경쟁자 오라클을 누른 것이다. 첫 고객 수주는 한 편의 드라마 같다.

"이미 경쟁사로 프로젝트 수주업체가 결정된 상태였어요. 상황을 돌리기 위해 며칠을 고군분투하다 일요일계약체결 하루 전에 그 병원의 병원장을 만나기 위해 '흥신소'까지 동원해 가면서 인천으로 갔지요. 그날 밤 병원장이 사는 아파트 동 입구를 지키고 있다가, 미국 출장에서 돌아오는 병원장을 만났죠. 다음 날 아침 07 : 30에 오라는 약속을 어렵게 받아내고, 그 날 아침 15분 만에 계약을 뒤집었어요. 그

병원장이 동경하는 한 미국 유명병원과 Sybase가 함께 실린 사진 한 장과 전략적인 제안 하나로 말이죠. 허허.”

레퍼런스의 철저한 활용

이렇게 끝나면 어느 한 슈퍼 영업인 이야기구나 싶지만, 그의 이야기는 여기서 끝나지 않는다. 그는 그 다음 병원 고객사들을 대상으로 세미나를 열고, 그의 첫 고객으로 하여금 ‘간증’을 하게 한다. Sybase는 병원업계의 대표 Database가 된다. 그 후 그는 밀려오는 전화에 대응하기 바빴다.

B2B, 바닥부터

그런데, 앞서 얘기하지 않은 것이 있다. 그가 첫 고객을 만나기 이전에 한 이것!

지금은 없어졌지만, 전화번호부를 뒤지고 대상 고객들을 선별하고 하루에 수십 곳씩 전화를 했다. 솔루션을 알리고, 약속을 잡았다. 그러한 노력들을 바탕으로 영업기회를 쌓고 잠재 고객들의 니즈를 파악한 것이다.

B2B, 평범한 우리도 할 수 있다

혹시 의심할 수 있다. '원래 잘 하는 사람들이 이렇게 잘났다는 얘기?'

미안하지만 아니다. 필자인 나에 대해서도 얘기하자면, 대부분 사람들의 출발과 비슷하게 그다지 개인기가 능하고 세일즈를 탁월하게 잘 했던 영업인이 아니었다. 숱한 실패를 겪고 넘어지고 일어서기를 반복했다. '나는 원래 영업에 맞지 않는게 아닐까? 내 길이 아니라고 접었던 고시공부를 해야 할까?' 라고 자조하기도 했다. 그러던 내가 지금은 국내 유일의 B2B 세일즈와 마케팅 서비스 전문회사를 운영하며 20곳 이상의 국내외 기업들의 비즈니스를 돕고 있다.

위의 지인의 이야기는 간략하게 'B2B 세일즈와 마케팅의 흐름'에 대해 함축하고 있다. 이 과정을 좀 더 이해하기 쉽게 그리고 실행할 수 있도록 사례를 중심으로 나누고자 했다. 해보기도 전에, '될까?'라는 의심은 잠시 접어 두시길 바란다.

고 정주영 현대그룹 명예회장이 남긴 유명한 질문이 있다.

"이봐! 해봤어?"

나는 영업을 원한다

처음에는 영업을 창피하고 뭔가 'Dirty'한 일이라고 생각했다. 영업에 대한 편견과 나에 대한 쓸데 없는 기대감 때문에 기피하고 있었다. 그랬던 내가 지금은 주위에 얘기한다.

"삶이 영업이에요. 지금 영업을 하고 있지 않다면, 당신도 언젠가는 영업을 하게 됩니다. 살아남기 위해서."

이제는 제대로 B2B를

✓ 어카운트잠재/고객 Database 정리 작업을 하고

✓ 고객을 만날 이유Reason to meet를 만들고

✓ 어카운트를 나누고, 합치고, 쪼개고, 배열하고, 종합하고, 분석하고

10년 전 처음으로 접했던 그 작업은 충격이었다. 혹시 여러분 주위에 이런 작업을 하고 있는 회사나 동료나 선배를 봤는가? 한류가 세계를 뜨겁게 달구고 'Made in Korea'가 세계를 놀라게 하고 있지만 어쨌든 이것들은 B2C의 일종이다. 우리나라는 아직도 B2B의 황무지다. B2B의 영역에서는 우리나라 초일류 기업들 조차도 아직 바닥을 헤매고 있다. 그 만큼 개간할 땅이 많다는 얘기다. 여러분이 이제 그 땅을 제대로 갈 필요가 있다. B2B의 비옥한 영토로.

복식 호흡

이 책을 독파한 여러분은 이제 알 것이다. B2B 고객은 '개인'이 아니라는 것을. 조직을 상대로 한 영업 호흡을 익히자. 먼저 문을 열어 나의 존재를 알리고, 조직의 기본 프로파일을 파악하고, 니즈의 상세 프로파일을 확인한다. 그 다음 복식호흡을 하며, 인내심을 가지고 '클로징'에 이르도록 한다. 다른 많은 일들과 마찬가지로 B2B 세일즈도 '시간의 함수'가 존재한다. 처음 만나 익숙해지고 세일즈맨과 고객의 결합에 이르기까지 최소 3개월에서 1년 이상 소요된다. 이 함수의 식과 답을 가지고 있는 것은 바로 고객과 여러분 자신이다.

'간절한 꿈'의 공식

나는 '이진국 드림'으로 하루를 시작하고 한 해를 시작하고, 또 '매일의' '한 해의' 이메일을 마무리한다. 나의 간절한 꿈이 이루어지기를 늘 기원한다. 내가 걸어온 길도 나의 꿈이었고, 앞으로 이뤄갈 길들도 꿈의 여정이다. 108개버킷 리스트상의 숫자의 꿈의 리스트를 하나 하나를 이뤄가는 과정에서 맛 보는 짜릿한 기쁨을 즐기며 또 감사한다. 나와 함께 꿈을 향해 나아가고 있는 아내, 딸들, 회사의 식구들, 친구들, 지인들에게 감사한다. 그 여정에서 나와 함께 호흡하고 응원하고 있음에 감사한다.

여러분도 성공 세일즈맨의 기쁨을 맛 보기를 간절히 희망한다.

끝으로, 이 책이 세상에 나올 수 있게 노력을 아끼지 않고 도움을 준 박영사의 강상희 차장님, 김효선님께 감사드린다.

출판 결정의 이유를 묻는 질문에 강 차장님의 '제가 읽고 싶은 책이었어요'라는 말이 참 따뜻했다. 정리되지 않은 꼭지들을 잘 다듬어 준 우리 회사의 전성경 대리에게도 다시 한 번 감사의 인사를 전하고 싶다.

바쁜 중에도 추천의 글을 마다하지 않고 나눠 주신 소중한 지인분들께도 감사의 말씀을 드린다.

사랑하는 우리 가족, 아내와 두 딸들의 희생 없이는 이 책이 가능하지 않았다. 집필을 하는 동안에 우리 가족은 휴일에 남편과 아빠를 책에 양보해야만 했다. 참으로 미안하고, 그 만큼 더 고맙다.

저자소개

이 진 국

현 제이케이엘컴퍼니 대표이사
연세대학교 학사(경영학)
현대종합상사의 상사맨으로서 해외영업으로 사회 입문
인터파크에서 전략기획, 경영기획
인우기술 IT Solution 세일즈 & IT Service 세일즈 및 운영
Cisco Korea-Inside Sales Vendor Line Manager
Marketstar(Sales & Marketing 전문기업) Korea-한국지사장 역임
대한민국 B2B의 발전 가능성을 확신하고 2011년 제이케이엘컴퍼니 설립

2012 연세대학교 경영대학 신입생 멘토링 프로그램-멘터
B2B IT Seminar 및 B2B 세일즈 포럼 진행

제2판
B2B 이미 하면서도 당신만 모르는 세일즈

초판발행 2015년 1월 2일
제2판발행 2016년 9월 11일
중판발행 2019년 8월 25일

지은이 이진국
펴낸이 안종만 · 안상준

편 집 김효선
기획/마케팅 강상희
표지디자인 권효진
제 작 우인도 · 고철민

펴낸곳 (주) 박영사
서울특별시 종로구 새문안로3길 36, 1601
등록 1959. 3. 11. 제300-1959-1호(倫)
전 화 02)733-6771
f a x 02)736-4818
e-mail pys@pybook.co.kr
homepage www.pybook.co.kr
ISBN 979-11-303-0333-8 03320

정 가 15,000원